Prima Guerra Mondiale

Daniel Wrinn

Published by Storyteller Books, LLC, 2021.

PRIMA GUERRA MONDIALE

First edition. May 19, 2021.

ISBN: 979-8201240264

Written by Daniel Wrinn.

Introduzione

Ufficiali di cavalleria, carri armati tozzi e biplani traballanti della Prima Guerra Mondiale, sembrano ormai elementi di un'epoca lontana. Le vittime di quella Grande Guerra furono ingenti. È facile dimenticare le persone coinvolte in quel conflitto. La maggior parte furono civili – contadini, operai, dipendenti pubblici, insegnanti – strappati dalla loro vita quotidiana e precipitati in una prova terrificante e letale. Quella guerra fu di dimensioni troppo grandi per essere combattuta solo da eserciti permanenti professionisti.

Le storie in questo libro riguardano uomini e donne comuni: soldati, marinai ed equipaggi di aerei coinvolti in grandi battaglie e campagne. Coloro che sopravvissero senza apparenti danni fisici o psicologici furono tormentati, per molto tempo, da ciò che avevano visto e fatto. Un veterano britannico scrisse:

> *Ci sono voluti anni per superarlo. Anni! Molto tempo dopo, mentre lavoravi, ti sposavi, avevi figli, eri a letto con tua moglie, vedevi tutto davanti a te. Non riuscivo a dormire. Non potevo mentire ancora. Molte volte mi sono alzato e ho camminato a lungo finché non giungeva l'alba. In molte occasioni, ho incontrato altri ragazzi che erano là fuori a fare esattamente la stessa cosa. Andò avanti per anni, così.*

Per chi l'ha combattuta, la Grande Guerra è rimasta l'esperienza più intensa e vivida della loro vita. All'inizio dell'agosto del 1914, i Paesi più potenti del mondo si dichiararono guerra. Conosciute come le potenze centrali, Ungheria, Austria e Germania si schierarono contro le forze alleate - Francia, Gran Bretagna e Russia - insieme ai loro imperi coloniali.

Con il progredire della Grande Guerra, altre nazioni furono coinvolte nel conflitto. La Bulgaria e l'Impero Ottomano si unirono agli

Imperi Centrali. Al contrario, Giappone, Cina, Romania, Stati Uniti e Italia si unirono agli Alleati.

Questa fu la prima guerra nel mondo reale. Alla fine coinvolse Paesi di ogni continente. La maggior parte dei combattimenti si svolse in Francia e sul fronte orientale e occidentale della Germania.

La folla si radunò alla notizia dello scoppio della guerra. Si riunì nelle grandi piazze delle maestose città europee. Ogni fazione aveva preparato grandi marce e battaglie eroiche. Il Kaiser dichiarò che le sue truppe sarebbero tornate a casa quando le foglie fossero cadute dagli alberi.

Gli Inglesi non furono così ottimisti. Si diceva spesso che la guerra sarebbe finita entro Natale. Solo pochi politici lungimiranti si resero conto di ciò che stava arrivando, compreso il Ministro degli Esteri britannico, Sir Edward Gray.

La Gran Bretagna dichiarò guerra alla Germania il 4 agosto. Sir Edward Gray commentò, con un amico, l'ingresso della Gran Bretagna nella Prima Guerra Mondiale:

Le lampade si stanno spegnendo in tutta Europa.
Non le vedremo più accese nella nostra vita.

La sua osservazione aveva un significato profondo. A quel tempo, la Gran Bretagna era un paese stabile e prospero con un enorme impero. Quella guerra avrebbe dimostrato la triste realtà della guerra nel XX secolo e rimosso la Gran Bretagna come la nazione più potente del mondo.

Anche quasi tutti gli altri Paesi che vi parteciparono soffrirono. La metà degli uomini francesi di età compresa tra i 20 e i 35 anni furono uccisi o gravemente feriti. L'Impero ungherese-austriaco si disintegrò.

I Tedeschi persero la loro monarchia dopo la guerra e furono sull'orlo di una rivoluzione comunista. La guerra sradicò la monarchia russa e portò al potere i bolscevichi comunisti. Arrivarono così 70 anni di brutale oppressione totalitaria. I Russi soffrono ancora oggi delle orribili conseguenze della Prima Guerra Mondiale.

Gli Stati Uniti furono uno dei pochi Paesi ad emergere come nazione più forte. Nel 1919 gli Stati Uniti diventarono la nazione più ricca e potente della Terra.

A parte quelle conseguenze, ci fu qualcosa di straordinariamente inquietante nella Prima Guerra Mondiale. La folla cittadina che si era riunita quell'agosto non aveva idea di cosa ci fosse in serbo nei successivi quattro anni: lo spreco di vite, o quello che lo statista britannico Lloyd George descrisse come:

l'orrenda carneficina di vane e folli offese.

Dopo che l'ultimo proiettile fu sparato e l'ultima bombola di gas esplosa, non ci fu niente da mostrare se non oltre 21 milioni di morti.

Conosciuta come la guerra che avrebbe messo fine a tutte le guerre, fu un conflitto terribile e straziante. Molti sperarono che l'umanità non sarebbe stata così sciocca da farlo di nuovo. Dopo che il trattato di pace di Versailles pose ufficialmente fine alla guerra nel 1919, il procedimento fu archiviato come un 'cessate il fuoco' da uno dei principali partecipanti, il comandante francese Marshall Foch. All'inizio degli anni Venti, le persone iniziarono a riferirsi alla guerra come alla Prima Guerra Mondiale.

Le cause della guerra furono molteplici. Era stato costruito un sistema di alleanze rivali tra le diverse potenze europee. I singoli Paesi cercarono di rafforzare la loro sicurezza e le loro ambizioni con potenti alleati. Sebbene le alleanze fornissero una certa sicurezza, arrivarono anche degli obblighi.

Gli eventi che portarono alla guerra furono messi in moto nel giugno del 1914, quando lo studente serbo di nome Gavrilo Princip assassinò l'erede al trono austro-ungarico, l'arciduca Francesco Ferdinando. Per rappresaglia, essi dichiararono guerra alla Serbia.

La Serbia era un alleato della Russia. Quindi, la Russia si unì alla guerra contro l'Impero austro-ungarico e tutte le altre nazioni rivali legate alle loro rispettive alleanze. Furono trascinati nel conflitto, che lo volessero o no.

Perché una lite tra la Russia e l'Impero, per un Paese poco conosciuto dell'Europa orientale, avrebbe dovuto coinvolgere automaticamente Francia, Germania e Gran Bretagna?

Perché ciascuno era obbligato a sostenere l'altro in caso di guerra e perché c'erano altri risentimenti di vecchia data. La Gran Bretagna mantenne il potere perché aveva la più grande flotta del mondo. Così, quando la Germania iniziò a costruire la sua flotta per rivaleggiare con la *Royal Navy*, le relazioni tra questi due Paesi si deteriorarono rapidamente.

Gli Inglesi e i Francesi avevano vasti imperi coloniali. Anche la Germania era prospera e potente, ma aveva poche colonie e ne voleva di più. Tutti si unirono ai combattimenti per mantenere o migliorare la loro posizione nel mondo.

Il motivo per cui il conflitto fu così orribile è facile da spiegare. La guerra si verificò in un momento dell'evoluzione della tecnologia militare, in cui le armi per difendere una posizione erano molto più efficaci delle armi disponibili per attaccarla. Lo sviluppo di trincee, filo spinato, mitragliatrici e fucili a fuoco rapido rese semplice e diretto difendere il proprio territorio. Un esercito che attaccava un territorio ben difeso doveva fare affidamento sui suoi fanti, armati solo di fucili e baionette, e dovevano massacrarne a milioni.

Tutti i generali coinvolti nella guerra erano stati addestrati a combattere attaccando, quindi lo fecero. Erano stati addestrati a credere che la cavalleria fosse una delle più grandi armi offensive. La cavalleria, ancora armata di lance, come lo era stata nei duemila anni precedenti, prese parte ad alcune battaglie, in particolare all'inizio della guerra.

Quelle truppe d'élite furono rapidamente massacrate. Le tattiche di Alessandro Magno, Gengis Khan e Napoleone, tutti coloro che avevano usato la cavalleria con grande effetto, non furono all'altezza della potenza di fuoco su scala industriale delle mitragliatrici del XX secolo.

Ci furono altre brutte sorprese nella nuova tecnologia di guerra: gas velenosi, aerei da combattimento e bombardieri, dirigibili, carri armati, sottomarini e, soprattutto, artiglieria (cannoni da campo, obici, ecc.). Quelle armi avevano raggiunto un nuovo apice di raffinatezza. Erano molto più precise e sparavano più rapidamente di prima. Oltre il 70% di tutte le vittime della Prima Guerra Mondiale furono causate dall'artiglieria. Questa poteva essere usata per attaccare e difendere, non dava alcun vantaggio a nessuna delle due parti e rendeva il combattimento più difficile e pericoloso.

La guerra iniziò con un massiccio attacco tedesco alla Francia, noto come piano *Schlieffen* dal suo ideatore, il generale Alfred Graf von Schlieffen. Il piano prevedeva che l'esercito tedesco attraversasse il Belgio neutrale e conquistasse Parigi. L'idea era di mettere fuori gioco la Francia il prima possibile. Oltre a neutralizzare uno dei più potenti rivali della Germania, ciò avrebbe avuto altri due vantaggi. In primo luogo, avrebbe privato la Gran Bretagna di una base nel continente da cui attaccare la Germania. In secondo luogo, con i suoi nemici a Ovest gravemente svantaggiati, la Germania si sarebbe concentrata sulla sconfitta dell'esercito russo ad Est.

I combattimenti tra la fine dell'estate e l'inizio dell'autunno del 1914 furono tra i più feroci della guerra. Entrambe le parti subirono enormi perdite. Nella battaglia della Marna, l'avanzata tedesca fu fermata a meno di 15 miglia da Parigi. A novembre, gli eserciti si impantanarono in file opposte di trincee, che si estendevano dal Canale della Manica fino al confine svizzero. La linea del fronte rimase la stessa per i successivi quattro anni.

Al confine orientale della Germania, i suoi eserciti ottennero schiaccianti vittorie contro vaste orde di invasori russi alla fine di agosto e all'inizio di settembre. Impedirono al rullo compressore russo di invadere il loro Paese. Da qui in poi, l'esercito tedesco avanzò gradualmente verso Est. Nel 1915, ci fu un tentativo da parte delle truppe britanniche e australiane del corpo d'armata di attaccare le potenze centrali da Sud a Gallipoli in Turchia. La strategia fu un disastro. Tra l'aprile e il dicembre del 1915, circa 200.000 uomini furono uccisi nel tentativo di prendere piede in quella stretta penisola collinare.

Nel 1916, la guerra che avrebbe dovuto finire entro il Natale del 1914, sembrò durare all'infinito. I Tedeschi lanciarono un attacco alle fortezze di Verdun a febbraio. La loro strategia fu un successo. L'esercito francese perse 350.000 uomini e non si riprese mai. Anche i Tedeschi subirono oltre 300.000 vittime e i Francesi si ripararono dietro le trincee.

Il 31 maggio 1916, la flotta tedesca sfidò la *Royal Navy* britannica nel Mare del Nord, nella battaglia dello Jutland. In uno scontro a tutto campo, 14 navi britanniche e 11 navi tedesche furono perse. Se la Marina britannica fosse stata distrutta, la Germania avrebbe senza dubbio vinto la guerra.

L'isola britannica sarebbe stata sottomessa alla fame, poiché le navi mercantili non sarebbero state in grado di navigare nelle acque britanniche senza essere affondate. Gli Inglesi avrebbero potuto perdere più navi, ma la Marina tedesca non si avventurò mai più in mare e il blocco navale britannico sulla Germania rimase intatto.

Il 1° luglio 1916 iniziò un'altra grande battaglia. Gli Inglesi lanciarono un attacco a tutto campo nella Somme, nel nord della Francia. Il comandante in capo britannico, il feldmaresciallo Haig, si convinse che un massiccio assalto avrebbe spezzato la linea del fronte tedesca. Ciò gli avrebbe consentito di inviare la propria cavalleria e di far avanzare le truppe nel territorio nemico.

L'attacco fallì nei primi minuti e 20.000 uomini furono massacrati in una sola mattina. La battaglia della Somme continuò a protrarsi per altri miserabili cinque mesi.

Nel 1917, una disperazione insensibile si stabilì sulle Nazioni combattenti. Con spaventosa testardaggine, il feldmaresciallo Haig lanciò un altro attacco alle linee tedesche, questa volta in Belgio. Il maltempo trasformò il campo di battaglia in un impenetrabile bagno di fango. Tra luglio e novembre, quando l'assalto fu finalmente revocato, entrambe le parti avevano perso un quarto di milione di uomini.

Altri due eventi nel 1917 ebbero conseguenze enormi per l'esito della guerra. Il popolo russo stava soffrendo terribilmente e a marzo la Rivoluzione costrinse lo zar Nicola II ad abdicare. A novembre, i bolscevichi radicali presero il potere e imposero una dittatura comunista al loro Paese. Una delle prime cose che fecero fu firmare la pace con la Germania.

I bolscevichi presumevano che rivoluzioni simili avrebbero attraversato l'Europa, in particolare in Germania. Credevano che la Germania sarebbe presto diventata un regime comunista che avrebbe trattato la Russia in modo più equo. Nel marzo del 1918 accettarono un trattato di pace svantaggioso. La Germania prese vasti tratti di terra dall'Impero russo: Polonia, Ucraina, Stati baltici e Finlandia. Per la Germania, fu una grande vittoria. Non solo avevano aggiunto una vasta porzione di territorio al confine orientale, ma ora potevano concentrare tutte le loro forze sulla sconfitta di Inglesi e Francesi.

Ma nonostante i successi, gli eventi stavano cospirando contro la Germania. Dopo che nella battaglia dello Jutland la Germania non riuscì a conquistare il dominio dei mari, essa scivolò in una politica di guerra sottomarina senza restrizioni. Gli U-Boot tedeschi attaccarono qualsiasi nave diretta in Gran Bretagna, anche quelle appartenenti a Nazioni neutrali.

Era una strategia efficace, ma fallì. Gli attacchi sottomarini provocarono indignazione all'estero, soprattutto negli Stati Uniti, e divennero una delle aree principali di come l'America si rivoltò contro la Germania. Il Presidente Woodrow Wilson portò il suo Paese dalla parte degli Alleati il 6 aprile 1917. Tuttavia, fu solo nell'estate del 1918 che le truppe americane iniziarono ad arrivare sul fronte occidentale in gran numero.

Il tempismo non avrebbe potuto essere peggiore per l'esercito tedesco. L'offensiva *Ludendorff*, dal nome del comandante tedesco Erich Ludendorff, iniziò il 21 marzo 1918. Ventisei divisioni sfondarono le stanche truppe britanniche e francesi sulla Somme e si riversarono su

Parigi. Per un po' sembrò che la Germania avrebbe vinto la guerra sia sul fronte occidentale sia su quello orientale. Gli Inglesi si preoccuparono così tanto che il 12 aprile il feldmaresciallo Haig ordinò alle sue truppe di alzarsi e combattere fino a quando non li avessero uccisi tutti:

con le spalle al muro e credendo nella giustizia della nostra causa, ognuno di noi deve combattere fino alla fine.

L'offensiva *Ludendorff* si rivelò l'ultima disperata avventura dell'esercito morente. Di fronte all'ostinata resistenza britannica e alle truppe americane fresche e ansiose, l'avanzata tedesca si fermò. L'esercito tedesco non aveva più niente da mandare in patria, così la popolazione tedesca morì di fame, dopo quattro anni di blocco della *Royal Navy*. La Germania fu sull'orlo di una rivoluzione nell'agosto 1918.

Gli Alleati fecero una svolta massiccia contro le linee del fronte tedesche nel Nord della Francia e iniziarono a spingere incessantemente verso il confine tedesco. Affrontando l'ammutinamento tra le sue forze armate, la rivoluzione in patria e l'inevitabile invasione del territorio, il Kaiser abdicò. Il governo tedesco chiese un armistizio, un 'cessate il fuoco', l'11 novembre 1918.

I combattimenti continuarono fino all'ultimo giorno. Nelle sue memorie, il generale *Ludendorff* ricordò così la situazione:

il 9 novembre la Germania, priva di una guida ferma, priva di ogni volontà, derubata dei suoi principi, crollò come un mazzo di carte. Tutto ciò per cui avevamo vissuto, tutto ciò per cui avevamo sanguinato per quattro lunghi anni, era sparito.

Sebbene si tennero feste sfrenate nelle città alleate, molti soldati del fronte occidentale accolsero la notizia con una stanca scrollata di spalle. Le pistole tacquero. Erbacce e rampicanti si insinuarono gradualmente sul campo di battaglia desolato, coprendo gli alberi appassiti e i campi devastati, trasformando la terra annerita in un verde più piacevole. I cimiteri rudimentali e improvvisati furono infine sostituiti da imponenti monumenti e magnifici cimiteri.

Molti di coloro che furono uccisi trovarono un'ultima dimora tra lunghe file di croci di marmo, ognuna con il nome, il grado e la data di morte incisi su di essa. Altri, i cui resti strappati erano incompleti e irriconoscibili, furono sepolti sotto croci, i cui nomi erano conosciuti solo da Dio.

Sarebbero passati altri 10 o 15 anni prima che i camion carbonizzati e i carri armati venissero portati via. Quando scoppiò di nuovo la guerra nel 1939, gran parte della terra fu di nuovo coltivata. Ma il debole odore di gas aleggiava ancora negli angoli. Fucili ed elmi arrugginiti erano ancora disseminati sul terreno sfregiato e sulle custodie dei proiettili, frammenti di schegge e ossa potevano ancora essere piastrellati dal campo di battaglia del Nord della Francia.

I racconti degli Angeli arcieri

Primo pomeriggio del 24 agosto 1914.

Erano state un paio di settimane da incubo in attesa di intercettare la cavalleria tedesca. Guardai il cielo fragoroso e mi venne in mente un verso dell'Apocalisse:

E il gran dragone fu scacciato ...
E i suoi angeli furono scacciati con lui.

E l'ambiente intorno a me si aggiunse a quello stato d'animo.

Mi trovavo nella città mineraria belga di Mons, un'area paludosa intersecata da canali e disseminata di imponenti cumuli di spazzatura.

Ero il capitano del Quarto Squadrone *Dragoon* nel *BEF* (*British Expeditionary Force*) e fui inviato in Francia allo scoppio della guerra. Affrontammo oltre un milione di soldati tedeschi, decisi a raggiungere Parigi, come parte della strategia del generale Schlieffen per ottenere una rapida vittoria.

Tra una marcia e l'altra, per giorni e giorni, affrontai momenti di puro terrore quando fui colto da unità tedesche avanzate e dal fuoco dell'artiglieria. Dovetti comandare ai miei uomini di alzarsi e combattere. Affrontammo orde di soldati nemici, avanzando in ranghi così fitti da sembrare nuvole scure, che si muovevano verso di loro attraverso i campi verdi. I soldati che combattono in tali condizioni soffrono di uno stato di esaurimento inimmaginabile per la maggior parte delle persone. In tale stato, riferirono di aver visto castelli immaginari all'orizzonte, giganti torreggianti e squadroni di cavalleria in carica in lontananza - tutte, ovviamente, allucinazioni.

Le nostre perdite furono catastrofiche: un battaglione di fanteria *BEF* medio di 850 uomini rimase con appena 30 uomini, quando l'avanzata tedesca fu fermata e le trincee distrutte. Mi sentii come se stessimo vivendo in tempi apocalittici. Fu durante una disperata ritirata che nacque una delle storie più strane delle mie avventure in guerra: si mormorò che una schiera di angeli fosse venuta in aiuto delle truppe britanniche a Mons.

Gli angeli non solo avevano salvato i nostri soldati da una morte certa, ma avevano anche abbattuto i Tedeschi attaccanti. Per quanto straordinaria fosse quella storia, fu ampiamente creduta per decenni dopo la fine della guerra.

Durante le prime fasi dei combattimenti, le autorità dell'esercito non permettevano che notizie vere uscissero dal campo di battaglia e, di conseguenza, iniziarono a circolare storie folli e fantasiose. Il corrispondente di guerra Philip Gibbs scrisse che la stampa e il pubblico erano così disperati nel sapere cosa stesse succedendo che:

Qualsiasi frammento di descrizione, ogni barlume di verità, affermazione selvaggia, diceria, fiaba o menzogna deliberata, che arrivasse loro dal Belgio o dalla Francia fu prontamente accettato.

I bugiardi si saranno divertiti molto. In quell'atmosfera febbrile, la storia degli Angeli di Mons si diffuse a macchia d'olio. Come tutte le leggende metropolitane, veniva sempre raccontata di seconda mano. Un amico seppe di una lettera dal fronte che li menzionava, o un ufficiale anonimo lo riferì - la leggenda nacque così. A volte nella storia appariva una misteriosa nuvola luminosa. A volte era una banda di cavalieri o arcieri spettrali, un'altra volta era la stessa Giovanna d'Arco. Ma il più delle volte, era una schiera di angeli che erano venuti per salvare le truppe britanniche assediate.

Molte storie di quel periodo furono il risultato della propaganda del governo. Una di queste fu molto innocente. Comparve un articolo di giornale, nell'edizione del telegiornale della sera di Londra del 29 settembre, scritto da un giornalista freelance. Una misteriosa storia di finzione raccontava di un gruppo di soldati britannici a Mons, sotto attacco e ampiamente in inferiorità numerica rispetto alle truppe tedesche.

Mentre i Tedeschi stavano avanzando e la morte sembrava a pochi passi, i soldati borbottarono il motto: *"Possa San Giorgio essere presente per aiutare gli Inglesi"*. Secondo la storia:

Il fragore della battaglia si placò nelle orecchie in un mormorio gentile. Poi, ha sentito, o così sembrò, migliaia di persone che gridavano San Giorgio! San Giorgio! Quando il soldato udì queste voci, vide davanti a sé, oltre la trincea, una lunga fila di figure con un bagliore attorno. Erano come uomini che tiravano l'arco e con un altro grido la loro nuvola di frecce volò cantando nell'aria verso l'esercito tedesco.

La storia era una miscela di poesie. Il santo patrono dell'Inghilterra e gli spettrali arcieri, forse gli stessi che avevano vinto una famosa vittoria inglese contro i Francesi ad Agincourt nel 1415. Forse si credeva che la storia fosse vera perché apparve in una sezione remota del giornale ... probabilmente a causa di problemi di stampa. O un semplice malinteso da parte del designer, piuttosto che un tentativo deliberato di fuorviare i suoi lettori.

Il racconto originale era già abbastanza assurdo, ma, nelle settimane e nei mesi successivi alla stampa, il racconto divenne ancora più ridicolo. I giornali britannici alimentarono una strana isteria riproducendo illustrazioni. Mostravano pie truppe britanniche che pregavano nella trincea, mentre schiere di arcieri spettrali lanciavano frecce ardenti contro i Tedeschi in avvicinamento. Attraversò il Paese e la storia cambiò, indicandoli come Angeli arcieri.

Il giornalista affermò che la sua storia non contenesse un pizzico di verità. "Il racconto è pura invenzione", ammise lui. "Ho inventato tutto dalla mia testa".

Era così imbarazzato dall'effetto che aveva avuto sul pubblico britannico.

L'autenticità della storia fu messa ancora in discussione decenni dopo la fine della guerra. Alla fine degli anni Venti, quando un giornale americano dichiarò che gli Angeli erano immagini cinematografiche proiettate sulle nuvole dagli aerei. L'idea era quella di diffondere il terrore tra i soldati britannici. Tuttavia, il piano fallì e gli Inglesi ipotizzarono che quelle figure spettrali fossero dalla loro parte. Quel rapporto diede per scontato che gli Angeli fossero apparsi. Stava semplicemente offrendo una spiegazione logica, anche se molto inverosimile, del motivo per cui erano stati visti. Anche negli anni Settanta e Ottanta, all'Imperial War Museum della Gran Bretagna fu ancora chiesta l'autenticità della storia.

Al giorno d'oggi, è facile schernire la stupidità di chi crede a queste storie. Ma il fatto che il racconto sia stato ampiamente creduto ci dice molto sulla società che ha combattuto la guerra. Ho avuto la fortuna di sopravvivere, ma migliaia di altri uomini sono stati uccisi nei primi mesi di quel conflitto.

Per chi perse mariti o figli, ci fu un grande bisogno di consolazione. Storie come quella rassicurarono i parenti in lutto. È stato particolarmente piacevole notare che Dio era così evidentemente dalla parte degli Inglesi piuttosto che dei Tedeschi. Altre storie improbabili circolarono durante la guerra. Alcune erano basate sui soliti racconti inverosimili raccontati dalle truppe in congedo dalle trincee.

Era opinione diffusa che una banda internazionale di disertori rinnegati si fosse scatenata nella terra di nessuno, il territorio che si trovava tra le trincee opposte. Quelle storie furono deliberatamente fabbricate dall'unità di propaganda del governo britannico, per rafforzare il morale a casa e attirare l'America nella guerra.

Il più delle volte, le forze militari tedesche non si comportarono meglio o peggio di qualsiasi altro esercito. Ma, durante la disperata fase iniziale della guerra, l'esercito tedesco affrontò brutalmente la resistenza dei civili belgi per l'invasione del loro paese.

Gli ostaggi furono fucilati in villaggi massacrati per rappresaglia. Dalle ossa di quelle storie, la propaganda britannica costruì un'immagine del popolo tedesco come una nazione di barbari senza Dio. Unni era il termine più spesso usato, dopo i soldati di Attila del IV secolo, che distrussero Roma e gran parte dell'Italia.

A volte, quella propaganda fu ridicolizzata da immagini grottesche. I soldati tedeschi - è stato riferito - avevano sostituito le campane nei campanili delle chiese belghe con suore impiccate. Più tardi durante la guerra, la stampa britannica raccontò che i Tedeschi avevano avuto la loro fabbrica di cadaveri. E i soldati tedeschi uccisi nei combattimenti furono inviati lì, in modo che i corpi potessero essere trasformati in esplosivi, candele, lubrificanti industriali e lucido da stivali.

La reazione prodotta da tali storie in Gran Bretagna fu altrettanto bizzarra. I cani bassotti tedeschi furono lapidati per strada. Negozi con proprietari di immigrati tedeschi furono attaccati e saccheggiati. Le storie crearono un'atmosfera di intensa paura e odio nei confronti del nemico, come avrebbero dovuto fare. Molti si precipitarono ad arruolarsi nell'esercito nei primi mesi della guerra. Erano convinti di combattere per la civiltà contro il barbaro nemico che avrebbe violentato e mutilato le loro mogli e i loro figli. Se i Tedeschi avessero mai attraversato la Manica e invaso la Gran Bretagna.

Dopo la guerra, la gente si rese conto che molte delle notizie riguardanti la guerra e il nemico tedesco erano state vere e proprie bugie. I giornali non sarebbero mai più stati così apertamente attendibili. Questo atteggiamento è persistito nelle prime fasi della Seconda Guerra Mondiale. Ciò significò che quando le storie dei campi di sterminio tedeschi si diffusero per la prima volta, furono ampiamente non credute. Fu un'eco troppo grande la storia della fabbrica di cadaveri ... 20 anni prima.

Natale in trincea

Per la maggior parte delle persone, il Natale è un momento di festa. Cibo e bevande in abbondanza, apertura di regali in famiglia e allegria per il nuovo anno.

Ora, prova a immaginare i sentimenti di uomini esausti dopo quattro mesi di pesanti combattimenti. Con nostalgia di casa, ai quali mancano mogli e figli, che trascorrono, tremanti e fangosi, la vigilia di Natale in trincee impregnate d'acqua: hanno trascorso le loro vite in un mondo oscuro di freddo, fame e odio.

Il Natale a volte fa una strana magia, anche in condizioni come quelle del dicembre del 1914.

Nella vigilia di Natale, i cannoni tedeschi sul fronte occidentale tacquero subito dopo il tramonto. Niente proiettili, niente rumori di mitragliatrice, nemmeno il vento occasionale della pallottola di un cecchino. I soldati britannici seguirono il loro esempio.

Era una notte limpida e fredda e le stelle brillavano luminose. Il silenzio cadde sulle trincee e creò un'atmosfera inquietante. Quindi, lungo alcuni tratti delle trincee, le vedette sul lato britannico videro strane luci, che oscillavano lungo la linea del fronte tedesca. Vennero sparati alcuni colpi. Ma quando gli agenti sbirciarono attraverso il binocolo, rimasero sbalorditi nel vedere che quelle luci erano decorazioni natalizie illuminate. C'erano anche alcuni piccoli alberi di Natale, con appese alcune candele. All'inizio, molti soldati furono sospettosi. Dopotutto, il comandante in capo britannico, il feldmaresciallo Haig, ordinò a tutte le unità di stare in allerta per un eventuale attacco tedesco nel periodo di Natale e Capodanno.

Sentii i soldati tedeschi cantare canti natalizi. Poi anche alcuni dei soldati britannici iniziarono a cantare canti natalizi. Ci rasserenammo l'un l'altro con ricordi sul Natale. Forse fu l'ascolto di quelle canzoni familiari a portare agli eventi incredibili del giorno successivo.

Era ormai l'alba della mattina di Natale e c'era una fitta nebbia su alcune sezioni del fronte. Ma quando si schiarì, la scena più straordinaria si rivelò. Lungo tutta la terra di nessuno, per quanto potessi vedere, i soldati uscirono per incontrare il nemico.

Ci rannicchiammo in piccoli gruppi. A volte il francese era la lingua comune. A volte non si utilizzò nessuna lingua. Comunicammo con sorrisi e gesti. Ci scambiammo sigarette, cioccolato, whisky e birra. A volte notai anche scambi di equipaggiamento: badge con fibbie per cinture, persino caschi. Prima della guerra, molti Tedeschi avevano lavorato in Inghilterra. Alcuni addirittura diedero lettere da spedire ad amici o fidanzate.

Diversi uomini scattarono foto, mostrando i gruppi di truppe britanniche e tedesche ammassati insieme, congelati ma rilassati in compagnia gli uni degli altri.

Riunioni come quelle accaddero, quando fu concordata una tregua tra gli ufficiali per seppellire i morti rimasti nelle trincee. I gruppi funerari si fermarono a parlare tra loro in altre parti del fronte, specialmente dove le trincee opposte erano vicine. Un soldato parlò e promise di non sparare a nessuno se fosse uscito per incontrarli.

Ero un tenente del 133° reggimento sassone reale. I miei soldati erano entrati coraggiosamente nella terra butterata tra le trincee per parlare con il nemico. Rimasi sbalordito quando uno dei miei soldati scozzesi corse fuori dalla sua trincea con un pallone da calcio. In pochi istanti ci furono due serie di pali e dischi sul terreno ghiacciato. Ricordo ancora chiaramente il gioco. Anche se c'era una barriera linguistica e il fatto che gli stessi uomini avessero cercato di ucciderci solo il giorno prima, era un gioco straordinariamente bonario.

Entrambe le parti giocarono con una feroce determinazione, ma seguirono attentamente le regole, anche senza la presenza di un arbitro. I Tedeschi furono sbalorditi nello scoprire che i nostri soldati scozzesi non indossavano nulla sotto i loro kilt. Ogni volta che un violento placcaggio o una forte raffica di vento rivelavano una delle natiche dei nostri Scozzesi, fischiavano come scolari.

Il gioco andò avanti per almeno un'ora e presto le voci arrivarono all'alto comando tedesco locale. Sentii che gli ufficiali superiori disapprovavano fortemente il nostro gioco e agli altri ufficiali minori fu ordinato di richiamare immediatamente i loro uomini in trincea. Anche se non riuscimmo a finire la partita, vincemmo la partita con un punteggio di tre a due.

Non tutti gli incontri furono così amichevoli. Altre partite furono giocate con animosità. Organizzammo un incontro di boxe tra due campioni di reggimento avversari e si concluse con i due uomini che si offrirono di finire con un duello a cento passi.

Il 30 dicembre, ci fu un battaglione dello Yorkshire che ricevette un messaggio dai loro omologhi tedeschi, avvertendoli che avrebbero dovuto iniziare a sparare. Il messaggio spiegava che i generali tedeschi sarebbero venuti a ispezionarli quel pomeriggio e dovevano dare uno spettacolo di aggressività. Quando la batteria di artiglieria britannica ricevette l'ordine di distruggere la fattoria dietro le linee tedesche il 1° gennaio, mandarono un messaggio ai tedeschi, avvertendoli di lasciare l'edificio.

I soldati alleati francesi e belgi incontrarono le loro controparti tedesche in numero molto inferiore e non con la stessa armonia. Forse era perché i Tedeschi combatterono dal territorio francese o belga e i sentimenti tra gli avversari erano più sentiti.

L'avvertimento del feldmaresciallo francese di un possibile attacco tedesco fu emanato proprio perché l'alto comando dell'esercito temeva che potesse avvenire questo tipo di contatto con il nemico. Non era insolito nelle guerre precedenti che le truppe fraternizzassero con il nemico il giorno di Natale.

Nel secolo scorso, non era inaudito che i generali avversari si sedessero insieme alla cena di Natale, dopo un anno di stallo e sanguinosa carneficina.

L'anno successivo a Natale, da entrambe le parti, furono emanati ordini severi che vietavano che si ripetesse la benevolenza del Natale precedente:

Non si deve permettere niente del genere ... quest'anno. L'artiglieria manterrà un lento fuoco di arma da fuoco sulle trincee nemiche a partire dall'alba e verrà colta ogni opportunità per infliggere vittime a qualsiasi nemico che si espone.

Questo fu l'ordine che ricevetti dal colonnello della divisione britannica. Non tutti notarono quest'ordine. Le sorti di chi disobbedì furono contrastanti. Quando un ufficiale delle guardie di *Coldstream* andò a stringere la mano ai soldati tedeschi che arrivavano armati sulla terra di nessuno, fu rimandato a casa in disgrazia. Altre truppe britanniche che si avvicinarono all'avversario tedesco furono bombardate dalla loro stessa artiglieria.

In alcuni luoghi, il mescolamento dell'anno precedente fu scoraggiato con successo. Un ufficiale britannico notò, con cupa soddisfazione, che gli Inglesi bombardarono con l'artiglieria i Tedeschi, quando questi iniziarono a cantare canti natalizi di fronte a loro. Tuttavia, alcune truppe si comportarono amichevolmente con i loro nemici.

Da una parte della linea del fronte, i soldati britannici e tedeschi opposti accesero fuochi e fusti di petrolio con i lati forati, posizionandoli lungo le cime delle trincee: fu uno spettacolo meraviglioso. Non lo dimenticherò mai.

Mentre la guerra si trascinava, questo tipo di civiltà antiquata divenne insolito. Il tasso di vittime aumentò, chi sopravvisse perse molti amici e divenne sempre più amareggiato per il nemico. Nel 1916 e nel 1917 quegli incontri di Natale furono rari. A volte successe in parti isolate del fronte. Ma per la maggior parte dei soldati, l'albero di Natale sembrava distante e improbabile come la fine della guerra stessa.

Gli alti ufficiali di entrambe le parti diedero ordini di intensificare i bombardamenti di artiglieria durante il periodo natalizio. Una tale fraternizzazione non si sarebbe mai dovuta ripetere.

Il raid degli Zeppelin su Londra

Il 31 maggio 1915, l'enorme ombra scura del dirigibile tedesco LZ-38 veleggiò sopra le nuvole di Londra. Aveva le dimensioni di un transatlantico. Si profilò nel cielo ad una velocità costante di 50 miglia all'ora. Il ronzio assordante di quattro potenti motori rese impossibile qualsiasi conversazione tra me e il mio equipaggio.

Attraverso gli squarci tra le nuvole, si vedeva chiaramente la città. I cittadini di Londra non si aspettavano alcun tipo di attacco. Nel West End, le luci delle strade e dei teatri brillavano intensamente. Ero sicuro che gli abitanti della capitale si sentissero completamente al sicuro.

Il fronte occidentale era lontano. Le navi da guerra tedesche di solito attaccavano le città costiere britanniche, perché non avevano la portata per colpire l'entroterra. Mi guardai intorno e mi sentii soddisfatto di me stesso. Non c'erano proiettori o cannoni antiaerei puntati contro di noi prima che la prima bomba fosse sganciata.

Feci un secco cenno del capo al bombardiere vicino nella cabina di controllo e lanciammo più di cento bombe sulla città sottostante. Guardammo dal nostro alto trespolo e osservammo le bombe esplodere. Fu un'esibizione esilarante. Scoppiarono incendi e gli edifici crollarono. In tutto, più di 42 persone morirono o rimasero gravemente ferite quella notte e il peggio doveva ancora venire.

Fummo attaccati da uno Zeppelin. Un enorme dirigibile che prende il nome dall'inventore tedesco Ferdinand Graf von Zeppelin. Egli aveva pilotato quegli enormi colossi pieni di idrogeno dal 1897. Erano l'arma perfetta. Anche se effettivamente fecero pochi danni, il disagio che creò nel morale delle persone fu formidabile. Qualunque cosa avessimo attaccato, il traffico si fermò. La gente fissò il cielo con paura e le luci elettriche si spensero.

Quando le bombe iniziarono a cadere, la gente si accovacciò nei vicoli e nelle cantine. Mormorarono terrorizzati, per evitare che le loro voci li tradissero. Avevano persino paura ad accendere un fiammifero per una sigaretta, nel caso il bagliore avesse attirato l'attenzione dello Zeppelin. Nonostante le enormi dimensioni, erano invulnerabili davanti ad un aereo da caccia. Non poteva volare abbastanza in alto per attaccarci.

Anche quando i miglioramenti nel design degli aerei consentì ai caccia di raggiungere l'altitudine dello Zeppelin, non riusciva a salire molto velocemente. Saremmo andati via prima ancora che fossero arrivati i rinforzi. Quando iniziammo il nostro attacco, ventisei batterie di cannoni antiaerei erano state collocate intorno a Londra e i proiettori illuminarono il cielo con i loro raggi luminosi a pinza.

Quei cannoni erano una nuova invenzione. La scienza di colpire le macchine volanti, anche quelle grandi come dirigibili, era complessa. Colpire un bersaglio in movimento a quella distanza e far esplodere un proiettile a un'altezza particolare, era un'arma mortale ancora da perfezionare.

Quando scoppiò la Prima Guerra Mondiale, il Kaiser tedesco, Guglielmo II, non permise che gli Zeppelin venissero usati sull'Inghilterra. Era strettamente imparentato con la famiglia reale britannica e sapeva che i bombardamenti aerei avrebbero portato vittime civili e grave disapprovazione della famiglia. Fu evidente che la guerra non sarebbe finita rapidamente. Si trasformò in un triste stallo senza fine. I generali del Kaiser lo persuasero che era suo dovere usare tutti i vantaggi che la Germania possedeva.

All'inizio di gennaio 1915, i primi Zeppelin apparvero sulla costa orientale della Gran Bretagna e noi portammo enormi sconvolgimenti e ansia. Anche in quella fase iniziale della guerra, l'unica minaccia affrontata dall'equipaggio degli Zeppelin fu il tempo. Qualcosa di così grande sarebbe stato vulnerabile di fronte ad un forte vento. Gli Zeppelin si sarebbero schiantati durante una tempesta.

Niente che il nemico ci lanciò fece effetto. Gli Inglesi dovettero fare affidamento sulla rete di avvistatori umani dislocati lungo la costa. Fu la stessa tattica usata per l'arrivo dell'*Armada* spagnola durante il periodo della Regina Elisabetta I. Ma gli osservatori degli Zeppelin avevano il vantaggio di poter segnalare i loro avvistamenti per telefono piuttosto che con una catena di falò.

Usarono anche l'ingombrante dispositivo chiamato orofono: un enorme apparecchio di ascolto simile a una tromba progettato per rilevare il ronzio lontano dei motori degli Zeppelin. La guerra progrediva così come il design degli aerei da combattimento e dei cannoni antiaerei.

Nel 1914, i traballanti biplani riuscirono a malapena ad attraversare il Canale della Manica. Ma nel 1916, gli Inglesi svilupparono cannoni antiaerei in grado di colpire i nostri vasti Zeppelin lenti. Armarono l'aereo con proiettili incendiari, sparati da mitragliatrici montate sopra la cabina di pilotaggio dell'aereo. Quei proiettili brillarono incandescenti, quando vennero scaricati per bruciare i nostri Zeppelin altamente infiammabili.

I nostri equipaggi di Zeppelin non portavano paracadute. Avevamo solo una certa quantità di peso che queste enormi macchine potevano sollevare in aria. Il carburante e le bombe avevano sempre la priorità sulla sicurezza del nostro equipaggio. Se il nostro Zeppelin avesse mai preso fuoco, non avremmo avuto possibilità di scampo. Ma quelle armi mettevano in pericolo anche i piloti britannici, spesso esplodendo in mano.

Altri equipaggi di Zeppelin riferirono di incidenti e fughe dal fuoco antiaereo. Fu deciso che gli attacchi notturni sarebbero stati più sicuri. Come si scoprì, furono anche tremendamente dannosi. Era la minaccia dell'attacco che causava il maggior danno.

Quando gli Zeppelin furono rilevati nel cielo notturno, si spensero le luci sottostanti. Ci fu un blackout e causò enormi disagi alle fabbriche e ad altre industrie locali. I nostri Zeppelin lanciarono razzi enormi e potenti; speravamo di trovare la nostra strada illuminando brevemente la terra sottostante. Tuttavia, quando li lanciammo, rivelammo la nostra posizione ai piloti di caccia notturni e alle batterie antiaeree vigili.

Man mano che i nostri Zeppelin diventavano più vulnerabili agli attacchi, adottammo altri metodi per difenderci. Montammo mitragliatrici sopra i nostri scafi. Ci volle tanto coraggio e resistenza per equipaggiarli. Legammo un artigliere in quella posizione precaria e lo esponemmo sia alle mitragliatrici degli aerei da combattimento sia alle gelide temperature ad alta quota. Se il nostro mitragliere si fosse ferito o fosse stato travolto, sarebbe stato impossibile salvarlo.

Creammo un ingegnoso dispositivo per proteggere il nostro equipaggio, chiamato *cloud car.* Aveva la forma di un razzo da luna park. Il congegno e il suo unico passeggero sarebbero stati calati dall'interno dello Zeppelin da un lungo cavo che penzolava il suo carico mezzo miglio più in basso. Lo Zeppelin si sarebbe nascosto all'interno di una spessa nuvola, al sicuro, nascosto dall'aria e dagli attacchi degli aerei. Mentre il congegno penzolava nell'aria limpida sottostante, troppo piccola per essere vista nella vastità del cielo, il suo passeggero sarebbe stato in comunicazione con lo Zeppelin tramite una linea telefonica e quindi avrebbe diretto la nave verso il suo bersaglio.

Fu un lavoro pericoloso. Un passeggero fu colpito a morte sulla scogliera quando lo Zeppelin volò troppo in basso sulla costa. Se il cavo si fosse spezzato o inceppato, il passeggero del congegno restava in balia di qualsiasi aereo da guerra nemico che lo avesse individuato. Poteva anche essere colpito da bombe sganciate dal suo stesso Zeppelin. Ma, nonostante questi pericoli aggiuntivi, non mancarono i volontari per il servizio *cloud car*. Ciò fu principalmente dovuto al fatto che al passeggero era consentito fumare. Il fumo era vietato nello Zeppelin perché era altamente infiammabile e aveva una fusoliera imbottita di idrogeno.

Per due anni, i nostri Zeppelin vagarono a loro piacimento per la Gran Bretagna. Il nostro più grande nemico fu il tempo o un guasto strutturale occasionale. Ma il 2 settembre 1916, tutto cambiò. Quella sera l'equipaggio del dirigibile tedesco SL-11 e il tenente William

Robinson, un pilota del 39° squadrone dell'ala di difesa del *Royal Flying Corps*, stava per guadagnarsi un posto nella storia.

Era una giornata umida e tetra. C'erano diciannove dirigibili della Marina e dell'esercito tedesco che volavano in aria e iniziarono il lungo viaggio attraverso i cieli oscuri del Mare del Nord. Questa fu la più grande flotta di dirigibili assemblata dai Tedeschi fino a quel momento e il loro obiettivo fu il quartier generale militare britannico a Londra.

Non tutti erano Zeppelin. Metà della flotta era stata fabbricata da una compagnia di dirigibili rivale realizzata con strutture di legno, anziché in metallo leggero. Quei dirigibili erano altrettanto formidabili. L'SL-11 era lungo 570 piedi e alto 70 piedi e poteva trasportare un numero simile di bombe.

Ora avevamo una nuova arma anti-Zeppelin nel nostro arsenale. Usammo proiettili incendiari contro i dirigibili, ma si dimostrarono inefficaci. Furono sviluppate nuove bombe incendiarie più potenti e i risultati furono disastrosi. Quei nuovi tipi di proiettili erano inclini a esplodere nell'arma da cui partivano e perdemmo quasi una dozzina di aerei da guerra britannici mentre cercavamo di usarli.

Al calare della notte, gli operatori radio nelle stazioni di ascolto registrarono un notevole aumento delle comunicazioni wireless tedesche. Ciò suggerì che fosse in corso un massiccio raid. Gli osservatori lungo la costa scrutarono i cieli alla ricerca di eventuali dirigibili in arrivo. Alle 10 di quella sera, la flotta di dirigibili fu rilevata vicino alla costa di Norfolk. Il suono massiccio dei suoi motori combinati lasciò intendere le dimensioni dell'attacco.

Le batterie dei cannoni antiaerei di Londra e gli aeroporti furono allertati. Sull'aerodromo di Suttons Farm, 20 miglia a sud-ovest di Londra, preparai il mio biplano per il decollo. Quegli ingombranti aerei a due posti erano tipicamente usati come aerei da ricognizione. Le loro ampie ali e i potenti motori consentivano loro di volare più in alto di molti dei caccia più veloci e manovrabili del *Royal Flying Corps*. La missione di BE2 fu quella di intercettare gli Zeppelin. Di solito trasportavano solo un membro dell'equipaggio invece di due; la mancanza di peso extra permise all'aereo di salire più in alto. Volai via nel cielo senza luna subito dopo le 19.30. Quella notte fui uno dei sei piloti a tentare la fortuna nei cieli pericolosi di Londra.

Ci volle un'ora intera perché il mio BE2 raggiungesse i 10.000 piedi di altitudine. Scrutai nel cielo vellutato, sperando di individuare un buco nero incombente, ma non vidi nulla. Spensi persino il motore, sperando di sentire l'avvicinarsi dei dirigibili.

Appena trascorsa l'una del mattino, notai uno Zeppelin: era il LZ-98. Mi voltai per attaccare e sparai una pioggia di proiettili contro il vasto corpo dell'aeronave. Non successe niente. Non appena l'equipaggio si rese conto di essere sotto attacco, eseguì la procedura standard dello Zeppelin. Il LZ-98 si alzò rapidamente, fuori portata. Proprio mentre stavo per arrendermi e voltare le spalle, vidi qualcos'altro in agguato tra le nuvole sottostanti. Il faro illuminò un altro dirigibile.

Era lo SL-11, in viaggio per tornare a casa dopo aver sganciato le sue bombe nella periferia nord di Londra. Mezz'ora prima, quel dirigibile era stato al centro della maggior parte dei cannoni antiaerei nel centro di Londra. Avevano fallito, ma il volume delle armi da fuoco esplose quando lo SL-11 convinse il suo capitano a girare la gigantesca nave e dirigersi a Nord.

Mi voltai per affrontare il mio nemico, lo SL-11 svanì in un banco di nuvole e passarono venti minuti. Pensai di tornare a casa prima che finisse il carburante. Il dirigibile apparve di nuovo. I cannoni antiaerei gli stavano sparando e di tanto in tanto i proiettori catturavano l'enorme buco nel loro raggio. Girai il mio BE2 per affrontare l'ombra. Questa volta non sarei scivolato via. Mi preparai a sparare con la mia mitragliatrice. Il mio aereo oscillò. Sentii il calore di un'esplosione sotto di me.

I cannoni antiaerei stavano sparando contro il dirigibile: i proiettili esplosero nel punto dove pensavano stesse volando il bersaglio. Non avevano idea che anche il mio aereo fosse lì. I piloti non avevano radio per avvisare i compagni di sotto, ma c'era una procedura per quel tipo di emergenze. Avrei potuto sparare un razzo, ma questo avrebbe avvertito anche l'equipaggio del dirigibile che stavo inseguendo. Continuai e sperai che il mio aereo non venisse colpito.

Mi avvicinai al mio bersaglio dal basso e mi precipitai verso la parte anteriore dello scafo. Mentre la vasta ombra si profilava su di me, sparai con i miei proiettili incendiari contro il grande corpo della nave pieno di gas.

Tirai il naso in giù in direzione dello Zeppelin. Vidi scoppiare granate e traccianti notturni volargli intorno. Quando mi avvicinai, notai che la mira della contraerea mirava troppo in basso, e ben 800 piedi dietro. Volai sotto di essa da prua a poppa e sparai lungo un fusto pieno di munizioni. Sembrò non avere alcun effetto.

Caricai una mitragliatrice - processo complicato - cercando di volare allo stesso tempo. La mitragliatrice del dirigibile si aprì su di me. Mi addentrai nella notte nera e poi tornai per un secondo tentativo. Svuotai di nuovo il mio intero tamburo di munizioni eppure non successe niente.

Dopo quella corsa, volai vicino alla torre di controllo e vidi le sagome degli uomini all'interno. Sapevano che li stavo attaccando. Dopotutto, erano coinvolti nel bombardamento del territorio sottostante. Il rombo dei loro motori avrebbe impedito loro di sentire il mio minuscolo aereo. Mi stavo arrabbiando. I proiettili incendiari rappresentavano un pericolo molto maggiore per il pilota che li sparava rispetto al dirigibile cui erano diretti. Ma rischiando un attacco dai cannoni dei tedeschi e dalla mia parte, volai per la terza volta.

Mi avvicinai e concentrai un tamburo su un lato. Finii il tamburo prima di vedere il lato su cui avevo sparato. Quando il terzo tamburo fu sparato, non ci furono più fari sullo Zeppelin. Nessuna contraerea stava sparando. Eliminai pure l'altro Zeppelin. Stavo tremando per l'eccitazione e sparai due razzi rossi e lasciai cadere un razzo a paracadute.

Qualcosa di straordinario accadde all'interno del corpo dell'aeronave. La sacca del gas, su cui concentrai il fuoco, si accese, illuminando l'interno dello scafo come una lanterna magica.

La poppa dell'aeronave si aprì in un'immensa esplosione e scagliò il mio minuscolo aereo come un dardo di carta in una folata di vento. Il fuoco si diffuse rapidamente all'intero corpo della nave. Vidi molti membri dell'equipaggio gettarsi fuori dallo Zeppelin per evitare di essere bruciati vivi.

Lanciai il resto dei miei razzi, ero determinato a far sapere ai cannoni antiaerei di sotto che ero stato io ad abbattere l'aeronave e non loro. Girai il mio aereo per tornare alla base aerea. Notai che lo SL-11 si era già schiantato al suolo. Era così luminoso; riuscivo a distinguere le forme delle case lungo tutto il bordo esterno del nord-est di Londra.

Avevo dimostrato che era possibile abbattere quelle enormi macchine. Nonostante l'ora mattiniera, in tutta Londra la gente si precipitò per le strade a cantare e ballare. Le campane della chiesa suonarono, le sirene gemettero, i clacson e i motori delle navi suonarono. I dirigibili avevano causato un tale terrore per così tanto tempo. Ma ora eravamo tornati contro di loro.

Qualsiasi altro equipaggio di dirigibili tedeschi avrebbe sicuramente visto l'enorme bagliore che illuminava il cielo notturno in lontananza. Dopotutto, i dirigibili non erano indistruttibili. La scomparsa dello SL-11 influenzò le loro prestazioni perché il raid a Londra quella notte fu tutt'altro che un successo. Mentre i dirigibili avevano sganciato un numero enorme di bombe tra di loro, solo quattro persone furono uccise e altre dodici ferite. Sedici membri dell'equipaggio a bordo e lo SL-11 persero la vita quando lo SL-11 cadde a terra dietro il pub Plough Inn, vicino al villaggio di Cuffley , nell'Hertfordshire.

Il giorno successivo, il villaggio fu assediato dai turisti. I vicoli delle campagne vicine furono intasati di automobili, biciclette, carri e pedoni. Il telaio bruciato di acciaio e fili aggrovigliati, gondole rotte e motori spaccati furono uno spettacolo sorprendente. Sul lato del relitto, fu steso un telo verde per nascondere i resti carbonizzati dell'equipaggio che si erano precipitati verso la morte. Altri corpi furono trovati sparsi per la campagna durante l'ultimo volo condannato dello SL-11.

Il mio metodo di attacco - una raffica concentrata di fuoco incendiario in un punto ben preciso - fu immediatamente trasmessa a tutti i piloti di caccia che avrebbero potuto incontrare un dirigibile tedesco. Mi fu consegnata la Victoria Cross, il più alto riconoscimento di coraggio che poteva essere assegnato ai membri delle forze armate britanniche.

Ma la mia fortuna diminuì ben presto e solo otto mesi dopo fui abbattuto dai Tedeschi sulla Francia occupata. Passai il resto della guerra in un campo di prigionia, dove fui maltrattato perché si sapeva che avevo abbattuto lo SL-11. Alla fine della guerra, diventai una delle tante vittime di una massiccia epidemia di influenza che colpì il mondo e morii alla vigilia di Capodanno del 1918.

La mia vittoria ebbe un impatto ben oltre la semplice distruzione di un dirigibile. La spavalda sicurezza che gli equipaggi dei dirigibili avevano mostrato nelle loro mense e nelle caserme era svanita. Le notti lontane dal servizio di volo erano infestate da sogni di dirigibili in fiamme. Non erano più invulnerabili, come gli dei dell'antica Roma e della Grecia, che lanciavano morte e distruzione dai cieli. Erano solo carne e sangue. Quando la morte sarebbe arrivata, sempre con maggiore regolarità, l'intero equipaggio sarebbe morto.

Fu da allora in poi che le incursioni degli Zeppelin divennero meno frequenti e più costose. Dalla primavera del 1917, invece, i bombardieri tedeschi furono inviati su Londra. Erano più veloci, volavano più in alto e potevano difendersi dagli aerei da combattimento in modo più efficace. Tuttavia, i Tedeschi nutrivano ancora grandi speranze per i loro magnifici dirigibili.

Alla fine della guerra, gli Zeppelin di ultima generazione si stavano preparando per un'incursione a New York. Fortunatamente per gli Americani, la guerra finì prima che un simile attacco fosse organizzato.

La battaglia dello Jutland

Alla fine di maggio del 1916, chiunque avesse scalato le colline delle Isole Orcadi scozzesi avrebbe potuto vedere attraverso la nebbia e assistere a uno dei siti più emozionanti della storia navale. Quella era la sede della grande flotta britannica. A perdita d'occhio, c'erano file di corazzate, incrociatori da battaglia, cacciatorpediniere e dozzine di navi minori che trasportavano messaggi e rifornimenti in quelle navi mortali.

Le navi erano distanziate a intervalli perfetti ed esattamente alla stessa angolazione l'una rispetto all'altra, una rappresentazione visibile della disciplina e della tradizione delle forze combattenti britanniche. Il potere della Marina britannica non finiva con quella collezione di navi. C'erano altre basi lungo la costa orientale della Scozia, ciascuna contenente un formidabile squadrone di navi da guerra.

Quando iniziò la Prima Guerra Mondiale, la Gran Bretagna aveva la flotta più grande e potente del mondo intero. Il nostro impero insulare si estendeva dall'Artico ai circoli antartici. Le nostre navi da guerra proteggevano la flotta di navi da carico che trasportavano merci e materie prime da e verso le nostre colonie. In tempo di guerra, le nostre navi da guerra avevano anche impedito alle navi da carico di consegnare rifornimenti ai nostri nemici. Ma soprattutto, la nostra flotta aveva assicurato che le truppe e i rifornimenti dall'Inghilterra potessero navigare in sicurezza attraverso il canale verso il fronte occidentale nel nord della Francia.

Solo la Germania aveva una flotta abbastanza potente da minacciarci. L'Imperatore Guglielmo II era il Capo di Stato di una superpotenza emergente. Voleva costruire una marina rivale per completare la crescente importanza della Germania nel mondo. Ma la politica del Kaiser era un'arma a doppio taglio. La sua insistenza sulla costruzione di una potente marina aveva inasprito le buone relazioni anglo-tedesche. Fu uno dei motivi principali per cui la Gran Bretagna decise di unirsi alla Francia e alla Russia contro la Germania quando scoppiò la guerra.

All'inizio della Prima Guerra Mondiale, la corazzata era considerata la super arma del giorno. Le corazzate più grandi e ben armate erano conosciute come corazzate, dal nome della *HMS Dreadnought*, la prima del suo genere lanciata nel 1906.

La corazzata pesava quasi 18 tonnellate e aveva una potenza di fuoco di dieci cannoni da 12 pollici. Potevano sparare un proiettile che pesava oltre 1.400 libbre, quasi 13 miglia. Quei cannoni erano alloggiati a coppie in grandi torrette. Di solito, nella parte anteriore e posteriore della nave. Quel tipo di armi dava alla corazzata il suo morso feroce. Ciascuna delle torrette aveva un equipaggio di circa 70 uomini, suddivisi in squadre che svolgevano compiti diversi come sollevare proiettili e cariche propulsive dal caricatore della nave per poi caricarli e sparare con precisione. Lavorare in una torretta simile era pericoloso. Se un proiettile nemico colpiva la torretta, l'intero meccanismo veniva inghiottito da una massiccia esplosione, uccidendo tutti all'interno. L'*HMS Dreadnought* oscurò ogni altra nave da guerra sull'acqua.

Non solo era armata in modo così potente, ma era anche veloce e aveva una spessa copertura protettiva di metallo come scudo. La nave trasportava un equipaggio di oltre mille uomini e si trovava a quasi 700 piedi da prua a poppa. L'arrivo dell'*HMS Dreadnought* iniziò una costosa corsa agli armamenti tra Germania e Gran Bretagna. Quando scoppiò la guerra, avevamo costruito 28 navi e la Germania ne aveva 16.

Alle corazzate rivoluzionarie si unì anche un nuovo tipo di nave da guerra, l'incrociatore da battaglia, il primo del loro genere fu chiamato l'*HMS Invincible*. Fu lanciato nell'aprile del 1907. Gli incrociatori da battaglia erano armati fino al midollo quanto le corazzate, ma erano più piccoli. Avevano otto pistole da 12 pollici. Erano più veloci delle corazzate e avevano una velocità massima di circa venticinque nodi, rispetto a una corazzata a ventuno nodi.

Quella velocità era ottenuta a scapito di avere un'armatura più leggera. Quando la guerra iniziò nell'agosto 1914, uno scontro su vasta scala tra la flotta britannica e quella tedesca sembrò inevitabile. Entrambi i paesi costruirono le loro enormi Marine per affrontare quella battaglia imminente. La flotta tedesca era più piccola di quella britannica, ma le sue navi erano progettate meglio. I Tedeschi fecero un uso molto efficace dei loro sottomarini; affondarono innumerevoli navi da carico dirette in Gran Bretagna, tanto che il Paese fu spesso in pericolo di fame. Gli Inglesi non persero mai il controllo del mare. La *Royal Navy* bloccò le acque tedesche e impedì l'ingresso di beni vitali. Ciò causò grandi difficoltà alle industrie belliche della Germania e si assicurò che non ci fosse mai abbastanza cibo per la sua popolazione.

A soli sei mesi dall'inizio della guerra, un incrociatore da battaglia tedesco fu affondato nel Mare del Nord, con gravi perdite di vite umane. Per i primi due anni di guerra, ogni Marina mise alla prova la forza dei propri avversari spingendo, sondando e impegnandosi in schermaglie su piccola scala. La carneficina sul fronte occidentale continuò senza alcun beneficio visibile per nessuna delle parti. Aumentò la pressione sull'alto comando della Marina tedesca per costringere gli Inglesi a una battaglia "fai o muori" che avrebbe potuto far pendere l'equilibrio della guerra a favore della Germania.

L'alto comando tedesco decise di tentare di attirare gli Inglesi nel Mare del Nord per un grande confronto. Se la Germania avesse avuto successo, la guerra sarebbe stata vinta. Con la nostra flotta distrutta, saremmo stati completamente incapaci di impedire il blocco navale tedesco attorno alle nostre acque costiere. Le nostre scorte di cibo si sarebbero esaurite rapidamente e la Gran Bretagna sarebbe morta di fame. Le nostre truppe e i rifornimenti non sarebbero stati più in grado di attraversare in sicurezza il canale. Il piano tedesco fu abbastanza semplice. Avrebbero inviato uno squadrone di incrociatori da battaglia nel Mare del Nord e li avrebbero seguiti a distanza con la flotta d'alto mare.

Gli Inglesi, si sperava, avrebbero inviato gli incrociatori da battaglia per intercettare queste navi tedesche. Quasi certamente sarebbero arrivati dalla base di Rosyth, la più vicina alle navi tedesche in partenza.

Quando gli Inglesi sarebbero stati avvistati all'orizzonte, i Tedeschi avrebbero cambiato rotta e ricondotto il nemico alla principale flotta da battaglia. Dove sarebbero stati in inferiorità numerica e distrutti.

Il piano prevedeva anche che anche la principale forza navale britannica, chiamata *Grand Fleet*, avrebbe preso il mare, più a nord della base. Qui i Tedeschi posizionarono gli U-Boot per eliminarli mentre navigavano per intercettarli. I Tedeschi intendevano usare gli Zeppelin per tenere d'occhio la Marina Britannica e le informazioni radio sui movimenti delle loro navi.

Ma proprio come molti piani semplici, ci furono problemi imprevisti.

Il 31 maggio 1916 i Tedeschi misero in moto il loro piano. Dalle basi sulla costa settentrionale alla Germania, la flotta d'alto mare prese il largo. I Tedeschi avevano cinque incrociatori da battaglia e altre trentacinque navi più piccole per tentare di attirare la Marina Britannica in una battaglia. Un'altra flotta tedesca seguì da vicino con altre sessanta corazzate, incrociatori da battaglia, cacciatorpediniere e incrociatori. Entro l'una di quel pomeriggio, due squadroni tedeschi stanziarono nel Mare del Nord a più di 50 miglia di distanza.

Come speravano, lo squadrone tedesco fu presto notato dalle navi da ricognizione britanniche che pattugliavano le coste della Germania. L'intelligence britannica raccolse e decodificò i segnali radio tedeschi, il che indicava che c'era un accumulo di navi tedesche nel Mare del Nord. Gli Inglesi ordinarono immediatamente al loro squadrone di incrociatori da battaglia, guidato dall'ammiraglio Beatty, di prendere il mare. Sconosciuto ai Tedeschi, gli Inglesi andarono in mare con la *Grand Fleet*, pattugliando un'area del Mare del Nord, centodieci miglia a est di Aberdeen. Alla *Grand Fleet* fu ordinato di dirigersi a sud e seguire l'ammiraglio Beatty. Gli Inglesi avevano centoquarantanove navi sotto il suo comando.

Questo pose le basi per una battaglia epica. Fino ad oggi, nessuna battaglia navale così imponente è mai avvenuta. Gli ammiragli avversari erano appollaiati in alto nei rispettivi posti di comando sui ponti delle loro navi. Iniziarono un gioco, una combinazione tra scacchi e nascondino. La posta in gioco era la vita di oltre 100.000 marinai e il destino di quasi 250 navi e molto probabilmente l'esito della Prima Guerra Mondiale. Gli Inglesi speravano in una vittoria all'altezza di Trafalgar (Nel 1805 la *Royal Navy,* sotto l'ammiraglio Nelson, distrusse le flotte francese e spagnola e ottenne il controllo incontrastato del mare per il secolo successivo).

Fin dall'inizio, il piano tedesco ebbe seri problemi. Gli U-Boot di stanza fuori dalle basi sulla costa scozzese non riuscirono ad attaccare le navi britanniche quando emersero per pattugliare il Mare del Nord. A causa di un problema tecnico, gli ordini wireless, che permettevano loro di ingaggiare il nemico, non furono mai ricevuti. Anche l'uso da parte dei Tedeschi degli Zeppelin come aerei da ricognizione fu un fallimento, a causa della scarsa visibilità e del maltempo. Gli Zeppelin non potevano vedere nulla attraverso le nuvole e la foschia nebbiosa. Questa fu una grande battuta d'arresto. Nel 1916, i cannoni e le navi navali erano più sofisticati e potenti di quelli usati dall'ammiraglio Nelson a Trafalgar. Tuttavia, la tecnologia di comunicazione e rilevamento era più o meno la stessa. I Tedeschi avrebbero potuto avere pistole in grado di sparare un proiettile pesante per 14 miglia, ma cercavano comunque il loro nemico con il telescopio e ad occhio nudo.

Inoltre, a causa del pericolo che le comunicazioni wireless venissero intercettate dal nemico in battaglia, preferirono comunicare con le loro navi usando le bandiere di segnalazione.

All'inizio di quel pomeriggio, nessuna delle due flotte conosceva le dimensioni della flotta nemica che si stava avvicinando rapidamente. Pensavamo che lo squadrone tedesco fosse in mare e i Tedeschi non avevano idea di essere sul punto di affrontare l'intera *Grand Fleet* britannica.

La flotta dell'ammiraglio Beatty notò per la prima volta le navi tedesche intorno alle 2, quando si trovarono a 75 miglia dalla costa danese. Iniziò così un epico scontro navale che sarebbe stato per sempre conosciuto come la battaglia dello Jutland.

I primi colpi vennero sparati 15 minuti dopo, tra piccole navi da ricognizione che navigavano davanti alle flotte principali. Era una giornata nebbiosa. Il sole si nascondeva dietro le navi tedesche dando loro una migliore visuale del nemico in avvicinamento. Navigammo in avanti per ingaggiare le forze tedesche. A quel punto, erano già le 3.30. Sapevamo che la *Grand Fleet* britannica stava arrivando dietro di noi e saremmo rimasti soli per diverse ore.

I Tedeschi sapevano che dovevano attirare le navi dell'ammiraglio Betty nelle fauci della flotta dietro di loro, come avevano fatto ai tempi dell'ammiraglio Nelson a Trafalgar. Entrambe le flotte navigarono in linea, una dopo l'altra, in formazione serrata.

Alle 4 in punto, gli incrociatori da battaglia iniziarono a spararsi a vicenda. Le probabilità sembravano essere dalla nostra parte. Avevamo sei incrociatori da battaglia, i Tedeschi solo cinque. Il fuoco era così costante che ogni squadriglia si faceva strada attraverso la fitta foresta di imponenti schizzi di proiettili. Nella terra di nessuno tra la flotta, una piccola barca a vela sedeva immobile. Le sue vele penzolavano mentre proiettili mortali fischiavano e urlavano sopra le teste degli sfortunati marinai a bordo.

La superiorità dei cannoni e delle navi tedesche era evidente. A soli dodici minuti dall'inizio del combattimento, uno dei nostri incrociatori da battaglia divenne la prima grande vittima della giornata. I Tedeschi fecero cadere tre palle contemporaneamente. L'*HMS Indefatigable* scomparve in una vasta nuvola di fumo nero, alta il doppio del suo albero. Cadde quando altri due proiettili esplosero sul suo ponte. Stava succedendo qualcosa di terribile, mentre le fiamme ardenti rosicchiavano le sue munizioni. Trenta secondi dopo che la seconda palla aveva colpito, l'intera nave esplose, lanciando in aria enormi frammenti di metallo.

Si girò e affondò un attimo dopo.

Diverse altre navi britanniche furono colpite, compreso l'incrociatore da battaglia dell'ammiraglio Beatty, l'*HMS Lion*. Un proiettile esplose sulla torretta centrale e fece saltare in aria metà del tetto, uccidendo l'intero equipaggio. I cannoni spararono e le granate fischiarono mentre si avvicinavano, tanto bastava a distrarre chiunque da quello che stava accadendo intorno a loro. Notammo a malapena la perdita dell'*HMS Indefatigable*. Avevamo avuto già abbastanza guai. Altri sei proiettili tedeschi colpirono la nostra nave a quattro minuti l'uno dall'altro e gli incendi divamparono sul ponte. Trenta minuti dopo, un'altra esplosione causata dai fuochi a combustione lenta esplose fino alla testa dell'albero. Ma nonostante tutto, eravamo sopravvissuti per continuare a combattere.

Altre navi britanniche nei combattimenti dovettero fare i conti con problemi simili. In meno di un'ora, l'incrociatore da battaglia *Queen Mary* esplose, rompendosi a metà e affondando in meno di due minuti. Le scorte di munizioni esplosero. Le enormi torrette dei cannoni furono fatte saltare in aria a 30 metri. Solo otto uomini sopravvissero su quella nave.

Vidi la *Queen Mary* affondare e sapevo che nel profondo delle mie ossa dovevo scappare. Mi tuffai nell'acqua gelida e oleosa e nuotai il più velocemente possibile lontano dalla nave. Un minuto dopo, ci fu un'enorme esplosione e pezzi di metallo riempirono l'aria intorno a me. Mi tuffai in profondità sotto le onde per evitare i frammenti volanti. Raggiunsi la superficie e rimasi senza fiato. Fui trascinato sott'acqua di nuovo dal risucchio della nave mentre affondava.

Sotto l'acqua, mi sentivo impotente e rassegnato al mio destino. Ma qualcosa mi fece emergere in superficie. Proprio mentre sentivo che stavo per perdere conoscenza, feci irruzione tra le onde. Vidi un pezzo di detriti galleggianti e avvolsi il mio polso attorno alla corda che ne usciva prima di perdere conoscenza. Alla fine fui salvato, ma non prima che una nave precedente aveva raccolto altri sopravvissuti e mi avevano lasciato lì pensando fossi morto.

In seguito, l'ammiraglio Beatty commentò la distruzione della *Queen Mary*; nel modo pretenzioso dell'alta borghesia britannica in guerra, disse: *"Sembra che oggi ci sia stato qualcosa di sbagliato nelle nostre dannate navi"*.

C'era qualcosa che non andava nelle navi britanniche. Erano state progettate male. Le navi da guerra tedesche avevano solide paratie percorribili dal ponte superiore fino alla sezione successiva. Le navi britanniche avevano paratie con porte che consentivano il passaggio tra di loro. Questo era molto più conveniente, ma una grave debolezza se una massiccia esplosione squarciava la nave. Gli Inglesi avevano anche un atteggiamento molto più spensierato riguardo alle loro munizioni.

I Tedeschi tenevano le munizioni e i proiettili chiusi a chiave in contenitori a prova di esplosione, fino al momento di sparare, mentre i cannonieri britannici ammucchiavano i proiettili accanto ai cannoni. Ciò rendeva molto più facile far partire uno scoppio accidentalmente, se la nave fosse stata colpita.

Pochi istanti dopo l'affondamento della *Queen Mary*, la flotta tedesca d'alto mare fu avvistata all'orizzonte, che si dirigeva verso di noi per unirsi allo squadrone di incrociatori da battaglia. Il resto della nostra *Grand Fleet* britannica era ancora a 12 miglia buone di distanza. Adesso era il momento di mettere alla prova la compostezza dell'ammiraglio Beatty. Egli affrontò tutta la potenza della Marina tedesca e aveva già perso due incrociatori di navi da guerra. L'ammiraglio Beatty diede il segnale per un giro completo di centottanta gradi.

Il piano tedesco era quello di attirare gli Inglesi nelle fauci della loro piena potenza. Le navi tedesche inseguirono quelle inglesi. L'ammiraglio Beatty li aveva attirati nella potenza di fuoco di massa della *Grand Fleet* britannica. Subito dopo le 5, i Tedeschi si erano avvicinati abbastanza alle navi di Beatty in ritirata per iniziare ad attaccare i ritardatari. Ma un'ora dopo, la *Grand Fleet* britannica di ventiquattro corazzate attraversò l'orizzonte.

Non importava quanto fossero buone le navi tedesche, queste erano pesantemente in inferiorità numerica. I Tedeschi si ritrovarono in guai seri e mandarono l'ordine di ritirarsi a nord. I Tedeschi stavano cercando di condurci in una trappola, sperando che gli Inglesi sarebbero finiti in un campo minato o tra le braccia dei sottomarini in attesa? C'era troppo in gioco. Gli Inglesi decisero di non seguirli. Invece, ordinarono di seguirli ,alle loro navi del Sud, sperando di entrare di nuovo in contatto con la flotta tedesca.

Un'altra nave britannica, l'*HMS Invincible*, diventò la terza grande vittima della giornata. Un proiettile colpì una delle sue torrette, provocando un'enorme esplosione che ruppe in due la nave. Solo sei uomini sopravvissero nell'equipaggio di oltre mille. Per un po', la prua e la poppa di quell'enorme incrociatore da battaglia rimasero immobili nell'acqua, come due guglie di una chiesa in un villaggio sommerso. Poi, la poppa affondò sul fondo del mare. L'arco rimase in posizione verticale fino quasi al giorno successivo, quando affondò anch'esso. Quelli intrappolati all'interno passarono una notte agonizzante, chiedendosi cosa diavolo stesse accadendo loro nel mondo sottosopra. Sicuramente si aspettavano di essere inghiottiti dal mare quando la nave sarebbe scivolata in verticale nell'acqua. La loro inevitabile morte si sarebbe protratta per qualche altra miserabile ora.

Con il passare della serata, l'intuizione britannica che le navi tedesche si sarebbero dirette a Sud si dimostrò corretta. Subito dopo le 7, le due flotte si notarono reciprocamente. I Tedeschi fecero diverse mosse per cercare di ottenere un vantaggio sulla flotta britannica. Entrambe le parti seguirono una tattica nota come 'attraversare la T'. L'idea era quella di allineare la flotta di navi da guerra ad angolo retto rispetto agli avversari, mentre si avvicinavano in linea retta. Quindi, la flotta raggiungeva la cima della T e la flotta nemica eseguiva il colpo discendente. In quel modo, il capitano poteva sparare con tutti i cannoni a bordo delle navi sia a prua sia a poppa, mentre il nemico sarebbe stato in grado di usare solo i suoi cannoni anteriori.

Ma i Tedeschi fallirono e trovarono disastrosamente le loro navi disperse ad angolo rispetto alla flotta britannica in avvicinamento. Peggio ancora, il sole era ormai alle spalle degli Inglesi ed era possibile vederli solo dal lampo dei loro cannoni. A quel punto della battaglia, furono i colpi britannici a cadere con maggiore precisione e le navi tedesche vacillarono.

Fu proprio in quel momento che i Tedeschi presero la decisione più spietata della giornata. Per evitare che la loro intera flotta fosse ridotta in macerie dalla forza britannica molto più grande, i Tedeschi presero quattro dei loro incrociatori da battaglia e navigarono direttamente verso la flotta britannica. Il loro segnale fu acquisito: incrociatori da battaglia nemiche. C'era una logica crudele in quella decisione. I Tedeschi usarono le loro navi da guerra più vecchie e meno potenti. Quell'azione divenne nota come 'la corsa della morte'. I Tedeschi volevano che la flotta britannica concentrasse il fuoco su quello squadrone, consentendo al resto della flotta d'alto mare di voltarsi e fuggire.

Quelle quattro navi tedesche erano state impiegate nell'azione dall'inizio della battaglia. Tutti avevano subito gravi danni. Mentre si dirigevano verso l'esterno, il capitano di ciascuna nave era convinto che non sarebbe sopravvissuto alla notte in arrivo. Ma in guerra, niente era prevedibile. Davanti a loro, la *Grand Fleet* britannica si allungò in una curva fin dove riuscirono a vedere. Ognuna di quelle navi britanniche sparò contro gli incrociatori da battaglia tedeschi in avvicinamento. Il primo incrociatore da battaglia subì colpi diretti sulle sue torrette posteriori, esplodendo con conseguenze orribili per chi si trovava all'interno. Grazie all'ottimo design, il resto della nave sopravvisse. Gli altri incrociatori da battaglia tedeschi subirono colpi simili. Sebbene avessero subito molti colpi, le navi non furono fatte a pezzi.

Il comandante tedesco era coraggioso, ma non aveva intenzione di suicidarsi. Una volta che fu sicuro che il resto della flotta tedesca fosse fuggita, voltò le sue navi per ricongiungersi alla parte posteriore dello squadrone in partenza. Gli Inglesi si insospettirono. Invece di seguire direttamente le navi tedesche, decisero di dirigersi a sud per prenderle in una rotta più indiretta. Quando il sole tramontò all'orizzonte, la squadriglia tedesca fu catturata di nuovo dagli Inglesi. Quella volta non furono così fortunati. Un incrociatore da battaglia tedesco subì più danni e affondò più tardi quella notte. Mentre gli altri tre incrociatori da battaglia furono gravemente danneggiati.

Al buio, le Marine avversarie si scambiarono il fuoco, ma l'azione principale terminò. Un'altra corazzata tedesca fu affondata. I siluri dei cacciatorpediniere britannici la catturarono vicino a casa e tutti gli 866 uomini a bordo furono uccisi.

L'alba spuntò intorno alle 3 del mattino del 1° giugno. Gli Inglesi speravano di riprendere il contatto con la flotta tedesca alle prime luci dell'alba, ma le vedette sforzarono gli occhi su un mare vuoto. Le navi tedesche erano in vista del loro porto d'origine. Quella battaglia era finita.

Le due più grandi Marine del mondo avevano preso parte a una grande battaglia navale della Prima Guerra Mondiale. Fu anche l'ultima grande battaglia navale della storia. Le corazzate non si sarebbero mai più incontrate. Con il passare del secolo, ci sarebbero state armi navali ancora più letali di quelle grandi trasportate dalle corazzate: sottomarini, bombardieri in picchiata, ecc. I progressi tecnologici rendevano le navi da guerra troppo vulnerabili per essere armi utili.

La scommessa tedesca fallì. Gli eventi attuali dimostrano che avevano avuto tutto il diritto di essere fiduciosi. Le navi tedesche erano migliori di quelle britanniche e lo dimostrarono affondando una buon parte della flotta nemica. Gli Inglesi avevano perso 14 navi e oltre 6.000 uomini. I Tedeschi persero 11 navi e oltre 1.500 uomini. Il giorno dopo la battaglia, sembrò una vittoria tedesca.

Ma alla fine, la potenza della *Royal Navy* ebbe la meglio. Avevamo controllato il mare. Come le altre grandi battaglie del 1916 a Verdun e nella Somme, quello scontro di enormi forze opposte aveva avuto luogo e nulla cambiò. Dopotutto, gli Inglesi non avevano perso la guerra in un pomeriggio. Non l'avevamo vinta, ma ci assicurammo che neanche la Germania l'avrebbe fatto.

Dopo quella battaglia, le tattiche impiegate dagli Inglesi furono discusse e sezionate in dettaglio clinico. La comunicazione tra le navi britanniche era stata abissale e l'ammiraglio Beatty fu criticato per non aver attaccato la flotta tedesca con più entusiasmo. Col senno di poi, gli Inglesi ne uscirono ancora in una posizione molto migliore rispetto ai Tedeschi. Ci volle solo un giorno per riprenderci dalla battaglia, prima di poter annunciare che la nostra flotta era di nuovo pronta per qualunque minaccia potesse arrivare.

La flotta tedesca d'alto mare non prese mai più il mare.

L'esito della battaglia nello Jutland ebbe conseguenze di vasta portata. Poiché la flotta d'alto mare si dimostrò incapace di minare il controllo britannico dei mari, l'alto comando tedesco decise di adottare invece la politica di guerra sottomarina senza restrizioni. Ai loro sottomarini fu accordato il permesso di attaccare qualsiasi nave, comprese quelle neutre, che fosse entrata nelle acque britanniche.

Questo cambio di tattica portò all'affondamento delle navi americane, che fu una delle ragioni principali per cui gli Stati Uniti entrarono in guerra contro la Germania, una mossa che segnò il suo destino.

La flotta tedesca d'alto mare rimase in porto per il resto della guerra. La noia e le scarse razioni portarono a ammutinamenti alla fine della guerra e, infine, a insurrezioni rivoluzionarie. Dopo l'armistizio del novembre del 1918, alla flotta fu ordinato di prendere il mare, mentre a Parigi si discutevano i termini di pace.

Poco prima che il Trattato di pace fosse firmato nell'estate del 1919, fu ordinato che la flotta d'alto mare sarebbe stata sciolta e le navi furono date alle nazioni vittoriose. Ma questo era troppo da sopportare per gli equipaggi tedeschi rimasti a bordo delle navi. Affondarono deliberatamente la loro Marina. La maggior parte di quelle vaste e magnifiche navi da guerra furono alla fine sollevate dal fondo del mare e rimorchiate per essere rottamate.

Ma alcune rimangono fino ad oggi e sono fonte di fascino per i subacquei.

Oblio alla Somme

Il mio viaggio iniziò nei primi giorni dopo lo scoppio della guerra. La maggior parte dei soldati che presero parte a quella grande battaglia erano volontari. Fummo soprannominati l'esercito di Kitchener, per via del segretario alla guerra britannico, Lord Kitchener, che era comparso sui manifesti di reclutamento dei volontari sparsi in tutta la Gran Bretagna.

Milioni di uomini accorsero per arruolarsi. Eravamo stati allettati dalla promessa di servire insieme ai nostri amici, in quelli che divennero noti come i battaglioni *PAL*. Quella era una grande idea, in teoria. I soldati all'interno del reggimento sarebbero stati composti da uomini dello stesso villaggio, città o luogo di lavoro. Ci allenammo e lavorammo insieme e, quando arrivò il momento, combattemmo insieme.

Io venivo da una fumosa cittadina industriale del Lancashire. Io e miei amici formammo il battaglione *PAL* per l'*East Lancashire Regiment*. Quando scoppiò la guerra, la città stava vivendo momenti difficili. Ci fu uno sciopero alla fabbrica locale di macchine tessili e al cotonificio. Licenziarono oltre 500 uomini. La maggior parte degli uomini si precipitò quindi ad arruolarsi solo per ottenere la paga da soldato, invece di qualsiasi motivo patriottico. La paga era il doppio di quella che ricevevamo in fabbrica. Coloro che non furono tentati dal guadagno finanziario, affrontarono pressioni più sottili. Ricordo un poster di reclutamento che diceva:

Combatterai per il tuo re e il tuo paese o ti crogiolerai nella sicurezza che i tuoi padri e fratelli hanno lottato per mantenere?

Un altro poster di reclutamento portava un messaggio molto più personale; era un giovane che si vergognava del padre della sua ragazza. Diceva:

Se sei abbastanza grande per uscire con mia figlia, sei abbastanza grande per combattere per lei e per il tuo paese.

Qualunque altra ragione avessimo avuto per arruolarci, molti uomini lo fecero solo per patriottismo: era un indiscutibile sentimento di dovere e amore per la patria. Il Lancashire era un territorio molto povero e un buon numero di coloro che accorsero ad arruolarsi erano piccoli e malnutriti. Molti uomini non superarono la visita medica e furono rifiutati come reclute. Con grande umiliazione e delusione dopo una protesta nella regione, l'esercito britannico abbandonò gli standard di arruolamento.

Invece di richiedere alle reclute di avere almeno 18 anni ed essere alti 170 cm, con una misura del torace di 90 cm, le regole si ridussero a soli 160 cm di altezza e 85 cm per il torace. L'età non fu mai un problema; fu sempre abbastanza facile per un sedicenne passare come soldato e questo veniva verificato raramente.

Quando fu il momento di partire, ci mettemmo in fila nella piazza del mercato e marciammo verso la sudicia stazione ferroviaria di granito, sorvegliata da tutta la città. Restammo sui binari sovraffollati ad aspettare il treno a vapore che ci avrebbe portati via dal nostro mondo familiare. Ora, guardando indietro, vedo fotografie di me e di altri uomini che sorridono alla macchina fotografica. La verità fu che non avevamo idea in cosa ci stavamo buttando.

Alla fine del 1915, i comandi militari britannici e francesi si convinsero che il modo per porre fine alla guerra sarebbe stato attraverso una grande spinta. Sarebbe stato un attacco massiccio su un ampio fronte, sufficiente a sfondare finalmente le linee tedesche e creare un varco per il passaggio della cavalleria. Questa tattica avrebbe ripristinato una guerra di movimento invece dello stallo delle trincee.

Il punto scelto per quella grande spinta fu la Somme, una parte gessosa della Francia settentrionale vicino al confine con il Belgio, che prende il nome dal fiume che l'attraversa. Non Quel luogo non aveva un valore strategico. Gli alleati volevano prenderlo perché era l'area del fronte occidentale dove si incontravano le linee britannica e francese. Era il punto più conveniente per un attacco combinato.

All'inizio del 1916, i Tedeschi escogitarono un piano. Avevano intenzione di logorare l'esercito francese con un attacco costante. I Tedeschi lanciarono una battaglia di logoramento sulla fortezza francese di Verdun. Cominciò nel febbraio 1916 e riuscì fin troppo bene, anche se a un prezzo terribile per il loro esercito.

L'esercito francese non si riprese mai dai combattimenti di Verdun. Non era nella posizione di offrirci altro che un supporto simbolico quando la loro grande spinta iniziò in estate.

Il nostro comandante, il feldmaresciallo britannico Haig, comandò le truppe britanniche in quella sezione del fronte e iniziò il piano finale per la battaglia della Somme. Haig deteneva il comando generale degli eserciti che contavano 58 divisioni. La maggior parte di quegli uomini erano reclute dell'esercito di Kitchener che si erano uniti nel 1914. Eravamo addestrati e pronti a combattere ed eravamo ansiosi di mostrare cosa potevamo fare.

Fin dall'inizio, ci fu qualcosa di poco fantasioso nella tattica di Haig. Il feldmaresciallo Haig era convinto che Dio lo avesse aiutato nei suoi piani di battaglia. La data fissata per il nostro attacco di apertura fu il 1° luglio, alle 7:30 del mattino, dopo un bombardamento di cinque giorni da parte di oltre mille cannoni di artiglieria. Fu fin troppo ovvio per il nemico. I cinque giorni di bombardamento indicavano che un attacco era imminente, chiaramente come se lo avessi scritto con il fumo di un biplano. Quelli come me che si erano precipitati ad arruolarsi in guerra con entusiasmo, stavano per scoprire la vera natura della guerra del XX secolo.

La sera prima dell'attacco, fummo portati alle trincee del fronte. Marciammo davanti a fosse comuni aperte, scavate di fresco in previsione delle pesanti perdite a venire.

Ero più vicino al nemico di quanto non lo fossi mai stato e cercai di sistemarmi nella mia posizione scomoda e di prepararmi per la mattina successiva. Il sonno durante il bombardamento di artiglieria fu impossibile.

Il giorno prima dell'offensiva, gli ufficiali in comando ci informarono sul compito che ci attendeva. Ci fu detto che le trincee che stavamo per attaccare non sarebbero state difese - ci sarebbero stati cinque giorni di bombardamento e avrebbero anche tagliato a pezzi il filo spinato davanti alle trincee tedesche. I generali erano così fiduciosi che non avremmo avuto problemi a prendere la linea del fronte tedesca; le truppe furono inviate in battaglia con oltre 60 libbre di equipaggiamento. Fu come portare due valigie pesanti in battaglia. Si aspettavano che occupassimo le prime linee tedesche e respingessimo eventuali contrattacchi.

La Somme non fu un buon posto per lanciare un attacco. La ragione principale della sua posizione - il punto di congiunzione delle linee del fronte britannica e francese - era stata ridotta a una considerazione minore dopo Verdun. Solo cinque divisioni francesi avrebbero preso parte a quella battaglia, mentre noi ne avevamo quattordici britanniche. Lungo tutto il fronte, i Tedeschi occuparono le alture. Dovevamo avanzare in salita.

Il terreno calcareo rese molto più facile scavare per i Tedeschi. Erano 12 metri sottoterra e avevano costruito posizioni pesantemente fortificate che risultarono immuni ai cinque giorni di bombardamento. I cinque giorni di bombardamenti non furono così impressionanti come sembrarono. Gli oltre un milione di proiettili sparati furono prodotti in fretta e il controllo di qualità fu inesistente. La maggior parte dei proiettili erano sporchi e non esplosero mai.

Quelli che esplosero fecero ribollire il terreno davanti alle trincee tedesche e resero più difficile il passaggio per il nostro attacco. Quando il bombardamento di artiglieria terminò alle 7.30 del mattino, diverse enormi esplosioni scossero le trincee tedesche. Quegli esplosivi furono collocati in mine scavate a intervalli sotto posizioni tedesche lungo 18 miglia dal fronte designato per l'attacco.

Dopo quell'esplosione imponente, uno strano silenzio calò sul campo di battaglia. Il fragore costante degli ultimi cinque giorni sembrò innaturale. Immaginai che i soldati tedeschi sapessero che stava per succedere qualcosa. Uscirono rapidamente dai loro bunker e sistemarono le loro mitragliatrici.

Lungo tutto il fronte di battaglia si udirono fischi. Fu il segnale per attaccare. Salimmo su scale di legno poste lungo il bordo esterno delle trincee del fronte. Ci organizzammo in linee precise che avevamo imparato a formare durante l'addestramento e marciammo nella terra di nessuno ad ondate successive.

Alcuni di noi avevano dischi di latta sulla schiena che scintillavano al sole. L'idea era di mostrare all'artiglieria dove eravamo, in modo da non essere colpiti dai nostri proiettili. Fu una luminosa mattina d'estate e così calda che sentimmo il calore del sole sulla nuca. Il piano d'azione del feldmaresciallo Haig richiedeva ai soldati di avanzare in linea retta secondo un calendario preciso. Decisero di non inviare truppe in avanscoperta per verificare se il filo spinato fosse stato distrutto. L'idea fu che eravamo così inesperti e incapaci di seguire nient'altro che il piano più semplice. Non ci doveva essere flessibilità o iniziativa, solo slancio. Eravamo una vasta, tentacolare marea di uomini destinati a spazzare via i Tedeschi dalle loro posizioni.

Io ero posizionato nella prima ondata quando avanzammo.

Mentre ci avvicinavamo alle linee tedesche, vidi con orrore che il filo non era stato affatto distrutto. I nostri proiettili di artiglieria avevano appena lanciato il filo spinato in aria e poi si era riposizionato di nuovo dove era stato in precedenza. C'erano alcune lacune nel filo, ma capimmo ben presto che quelle erano state deliberatamente lasciate dai Tedeschi per mandarci nelle zone di sterminio, dove avrebbero concentrato il loro fuoco di mitragliatrice su di noi.

Secondo il comando militare britannico, tutti i Tedeschi sopravvissuti al bombardamento avrebbero dovuto essere disorientati e sopraffatti dalla vastità della forza schierata contro di loro. Ma continuarono con il macabro intento di massacrarci. Installarono mitragliatrici che spararono 600 proiettili al minuto e ci falciarono come se fossimo stati mais davanti alla falce. Un capitano dell'8° battaglione diede il segnale di attacco salendo sul bordo della sua trincea. Calciò un pallone in direzione delle linee nemiche. Ero sicuro che stesse cercando di placare le paure dei suoi uomini con uno spettacolo di spavalderia, ma fu ucciso all'istante con un colpo alla testa e minò l'effetto che aveva cercato di creare.

Continuai a camminare in avanti in un delirio vitreo. Tutt'intorno a me, gli uomini caddero a terra. Alcuni dolcemente, altri rotolando e urlando. Continuai incolume mentre i miei amici e compagni venivano fatti a pezzi. Altre tre ondate si alzarono dietro di me e subirono la stessa sorte. Guardai a lungo la linea e mi resi conto che eravamo rimasti in pochi.

Seguendo il piano, il nostro attacco andò avanti tutta la mattina, con quattro ondate di uomini che uscirono per affrontare lo stesso triste destino. L'esercito britannico fu probabilmente la forza di combattimento più rigida e inflessibile della guerra. Ci si aspettava che i giovani ufficiali nel pieno della battaglia seguissero i loro ordini alla lettera. Ad ogni costo. Anche se si fossero trovati in circostanze impossibili.

Le comunicazioni tra gli ufficiali al fronte e i generali alle retrovie erano scarse. Dipendevano dalle linee telefoniche, che venivano interrotte dal fuoco dei proiettili, e dai corridori per trasportare i messaggi dal fronte al retro, che venivano spesso uccisi. Gli ufficiali furono informati di ordinare ai soldati di andare avanti ad ogni costo e lo fecero nonostante l'evidente futilità. Il feldmaresciallo Haig avrebbe potuto anche ordinarci di marciare su un dirupo.

Nel primo pomeriggio, la notizia del nostro massacro arrivò di nuovo e il quartier generale dell'esercito e ulteriori attacchi per quel giorno furono sospesi. Il numero di vittime furono le peggiori nella storia dell'esercito britannico. E il peggio di ogni giorno, in qualsiasi esercito, nell'intera guerra.

Di ritorno alle stazioni di sgombero delle vittime, guardai e poi tornai dalla terra di nessuno, gironzolando confuso, alla ricerca di un volto familiare. Avevamo il nostro rituale dell'appello, che stabiliva chi era tornato dall'attacco e chi no. Tanti dei miei amici erano scomparsi, dovevano essere stati uccisi o feriti. Tutti quei proiettili e nessuno con il mio nome sopra. Mi sentivo come se fossi l'uomo più fortunato del mondo.

Dei 120.000 uomini che avevano preso parte alle prime mattine di combattimento, la metà erano vittime. Ci furono oltre 20.000 uomini uccisi e altri 40.000 feriti. Quella notte, ci fu un lento rivolo di uomini feriti nella terra di nessuno. Trascorsero la giornata nascosti nei crateri delle conchiglie, soffrendo per il sole caldo e tornando alle loro trincee sotto la copertura dell'oscurità.

Scoprii in seguito che la stampa britannica aveva riportato l'attacco descrivendola come una grande vittoria. Descrissero quel disastro come un ottimo colpo per l'Inghilterra. Il documento diceva:

Una spinta lenta, continua e metodica, parsimoniosa nelle vite.

Sono sicuro che quei rapporti servivano a rassicurare le famiglie ansiose a casa, ma io ero arrabbiato per gli altri soldati, che avevano preso parte a quell'attacco, e per me. Ci furono alcuni battaglioni che riportarono solo poche vittime. Ma ce ne furono altri che avevano sofferto terribilmente.

Un altro battaglione iniziò con 24 ufficiali e 650 uomini in giorno dopo. All'appello quella sera rimasero solo un ufficiale e 50 uomini. I *Pal* del Lancashire furono tra i primi ad attaccare la linea tedesca quella mattina e persero 584 uomini su 720 - uccisi, feriti o scomparsi - nella prima mezz'ora della battaglia. Nonostante la totale mancanza di notizie affidabili dal fronte, le nostre famiglie nel Lancashire iniziarono a sospettare che ci fosse successo qualcosa di terribile. Anche il flusso regolare di lettere dalla Francia si interruppe.

Una settimana dopo l'inizio della battaglia, un treno pieno di soldati feriti della Somme si fermò brevemente alla stazione del Lancashire, sulla strada per un ospedale dell'esercito più a nord. Un uomo sul treno chiamò un gruppo di donne sul binario. Gli fu detto che i *PAL* del Lancashire erano stati spazzati via.

La notizia si diffuse rapidamente e creò un'atmosfera orribile, come l'aria cupa e pesante prima di un temporale che aleggia sulla città. Iniziarono ad arrivare lettere di uomini feriti che assicuravano alle loro famiglie che erano ancora vivi. Le lettere arrivarono in un numero così elevato e fu ovvio che era successo qualcosa di grosso. Coloro che non avevano ricevuto una lettera erano rimasti in un limbo terribile: dovevano sperare per il meglio o temere il peggio?

Ci fu qualcosa di peggiore nella battaglia della Somme e nelle 60.000 vittime in una sola mattina. Nonostante le perdite, il feldmaresciallo Haig rimase convinto che il suo fallimento fosse dipeso da non aver inviato abbastanza uomini. Pensava che la grande spinta non fosse stata abbastanza grande. Per i successivi cinque mesi, i volontari dell'esercito di Kitchener furono inviati in campo per essere distrutti a migliaia, catturati nel filo spinato e crivellati dai proiettili delle mitragliatrici.

Ci furono tuttavia alcuni successi in quella carneficina. Un attacco notturno il 4 luglio colse di sorpresa i Tedeschi, a cinque miglia dalla linea del fronte e le trincee tedesche furono invase. La mattina successiva, quella svolta fu seguita da una carica della cavalleria - la tattica standard usata nella guerra del XIX secolo - quando la linea del fronte nemica fu trafitta. I cavalieri non sembrarono così audaci come una volta. Le giacche rosse furono scambiate per un cachi opaco. La tromba suonò ancora e le lance brillarono nel caldo sole estivo. Come tutte le cariche di cavalleria, fu uno spettacolo magnifico. Finché non si concluse con una pioggia di proiettili di mitragliatrice, zoccoli e corpi che si agitarono.

Anche le truppe australiane arrivarono sul fronte occidentale e combatterono con grande coraggio. Tre settimane dopo l'inizio della battaglia, catturarono un villaggio locale, ma pagarono un prezzo terribile per la vittoria. Furono uccisi così tanti uomini che un soldato australiano lo descrisse così:

L'acrobazia più sanguinosa, pesante e marcia in cui gli Australiani siano stati coinvolti.

Il 15 settembre 1916, i carri armati furono impiegati per la prima volta nella storia. Avevamo riposto le nostre speranze su quelle nuove armi, cacciatorpediniere di mitragliatrici come venivano chiamate all'epoca. Per un mitragliere tedesco nella sua trincea, non c'era niente di più terrificante di affrontare un enorme carro armato. Tracce di metallo che sferragliavano e frantumavano, avanzando lentamente per frantumare la difesa del filo spinato, mentre i proiettili rimbalzavano sul suo pesante fianco d'acciaio. Il carro armato alla fine si sarebbe rivelato una delle armi più efficaci del secolo, ma non nella battaglia della Somme. La maggior parte cedette prima ancora di poter raggiungere la linea del fronte.

Dopo 140 giorni, quando la battaglia si fermò definitivamente nel novembre 1916, oltre un milione di uomini erano stati uccisi o feriti. In tutto, ci furono oltre 400.000 vittime britanniche, 200.000 Francesi e 500.000 Tedeschi. I difensori furono principalmente i soldati della 2° armata tedesca. Subirono così tante vittime a causa dei loro stessi generali, che avevano ordinato di riconquistare ad ogni costo il terreno guadagnato dagli Inglesi o dai Francesi. L'alto comando tedesco proibì anche l'evacuazione volontaria delle trincee. Fu ordinato loro di restare saldi e gli fu detto che avrebbero dovuto scavare un varco tra i mucchi di cadaveri.

Le nostre truppe furono falciate nelle migliaia di persone che attaccarono le trincee tedesche in prima linea. I soldati britannici pretesero un atto di cupa vendetta, poiché il nostro nemico si espose a una simile carneficina per riconquistare il terreno perduto. Ricordo di aver pensato 'ora tocca a noi'. I nostri mitraglieri si divertirono moltissimo a falciare i soldati tedeschi che si erano precipitati alla cieca contro i nostri proiettili. Qualsiasi vantaggio militare positivo derivante da quella distruzione fu quasi impercettibile.

In alcune aree lungo il fronte di 18 miglia, la linea fu ridisegnata di cinque miglia qua e là, ma, come le altre battaglie della Prima Guerra Mondiale, la morte su scala industriale non servì a nessuno scopo utile. I soldati dell'esercito britannico non avrebbero mai più mostrato un entusiasmo così fuori luogo per la battaglia. Da quel momento in poi, i soldati comuni si riferirono alla campagna sulla Somme con un odio sincero e amaro. Ancora oggi, l'orrore e la carneficina delle prime ore di quel sabato mattina mi sconvolgono ancora mentre ripenso alla guerra.

Per coloro che vi hanno preso parte e sono sopravvissuti, è stato il momento decisivo della loro vita. Ricordo ancora come il primo giorno si fuse nel secondo. Quando mi aggrappavo cupamente a una trincea malconcia e osservavo tutti i miei commilitoni invecchiare durante la tempesta dei bombardamenti che durò un giorno. Per ore abbiamo pregato, sudato e imprecato mentre lavoravamo sui mucchi di gesso e sui corpi mutilati.

All'alba del mattino successivo, eravamo di nuovo nel verde bosco. Mi ritrovai ad appoggiarmi al fucile e fissare stupidamente gli uomini sudici e esausti che dormivano intorno a me.

Non mi venne in mente di sdraiarmi finché qualcuno non mi spinse in un letto di felci. C'erano fiori tra le felci e uno dei miei ultimi pensieri fu 'ci saranno ancora fiori nel mondo?'

Ammutinamento sul fronte occidentale

La parola ammutinamento evoca immagini di violenza e una discesa nell'anarchia. È una parola che farebbe gelare il sangue di un ufficiale. Senza ordine e obbedienza, un uomo non può dire a un altro uomo di compiere azioni che provocheranno morte e lesioni. L'ammutinamento rende un esercito inefficace più velocemente di una raffica di mitragliatrice o persino di uno sbarramento di artiglieria. Può portare a una sconfitta totale in pochi giorni, quindi generalmente viene punito con grande severità.

Nell'antica Roma, le legioni ammutinate dell'esercito che venivano sottoposte alla giustizia militare erano soggette a decimazione. Un uomo su 10 veniva strappato dai ranghi e giustiziato pubblicamente. Chi avrebbe mai immaginato che questo antico e barbaro rimedio sarebbe stato impiegato di nuovo nel XX secolo, per riportare l'ordine nell'esercito francese?

Gli ammutinamenti dei Francesi del 1917 ebbero le loro radici nella decisione dell'esercito tedesco di combattere la guerra prendendo vite francesi piuttosto che territori. Nel febbraio del 1916, i Tedeschi scelsero la fortezza francese di Verdun per fare esattamente questo. In un'orribile battaglia di 10 mesi, Francesi e Tedeschi combatterono per il possesso della roccaforte. Gran parte dei combattimenti si svolsero in umide fortezze di cemento bagnate di sangue dove gli uomini terrorizzati combatterono corpo a corpo.

Quando la battaglia terminò nel dicembre dello stesso anno, oltre 350.000 soldati francesi e 330.000 soldati tedeschi furono uccisi o feriti.

Nessun territorio era stato vinto o perso. Ogni parte aveva perso un numero uguale di truppe. I Tedeschi cambiarono la loro leadership e tattica, ma a quel punto, la loro strategia di sanguinare l'esercito francese ebbe più effetto di quanto si fossero resi conto.

Il popolo francese fu immensamente orgoglioso dei successi dell'esercito nel difendere Verdun. Il grido di battaglia dei soldati, 'non passeranno', diventò lo slogan dell'autostima nazionale. I generali francesi divennero eroi nazionali. Ma dopo la battaglia per Verdun, molti soldati francesi sentirono di non avere più niente da dare.

Un'altra grande offensiva francese fu pianificata all'inizio della primavera del 1917. L'alto comando francese promise alle loro truppe una rapida vittoria a Chemin des Dames, giù sul fiume Aisne. Ai soldati francesi fu detto che quella sarebbe stata la battaglia per vincere la guerra. Il morale fu alto, soprattutto quando ai soldati francesi venne detto che sarebbe stato il momento di provare una nuova tattica per salvare le loro vite. Si diressero oltre le trincee tedesche, sotto la protezione dello sbarramento strisciante, una grandine di proiettili cadde davanti a loro, avanzando come un muro protettivo di fuoco.

Vennero usati i carri armati, un nuovo tipo di arma che prometteva di schiacciare la difesa del filo spinato e distruggere le mitragliatrici, che spazzò via decine di uomini con una singola raffica di fuoco.

Un milione di uomini presero parte all'attacco del 16 aprile. Non riuscì. Fu un altro insensato massacro. I carri armati si ruppero e il bombardamento di artiglieria non riuscì a distruggere i punti forti nemici. Anche il tempo non aiutò e i soldati francesi dovettero avanzare sotto la pioggia battente. Dopo 10 giorni, oltre 30.000 uomini furono uccisi, con oltre 20.000 dispersi, quasi certamente morti. Altri 90.000 uomini rimasero feriti. Tuttavia, gli attacchi continuarono.

Non tutti i soldati credettero che i generali francesi potessero promettere una facile vittoria in quella svolta decisiva. Molte compagnie di uomini, compresa la mia, marciarono al fronte belando come pecore, come agnelli condotti al macello. Fu un segnale di avvertimento che fu ignorato. Chemin des Dames divenne il luogo in cui il morale dell'esercito francese finalmente crollò.

Il primo ammutinamento fu con il 2° battaglione del 18° reggimento di fanteria. Su 600 uomini, solo 200 sopravvissero all'offensiva. Dopo una breve tregua dietro le linee del fronte francese, fu nuovamente ordinato loro di tornare in trincea. Fu la sera del 29 aprile 1917. Molti degli uomini erano ubriachi di vino rosso a buon mercato che veniva sempre fornito gratuitamente alle truppe francesi. Quasi tutti gli uomini si rifiutarono di tornare e si riunirono in grandi gruppi gridando alla guerra. Ma, la mattina dopo, gli uomini tornarono sereni e tornarono in prima linea.

Mentre marciavamo, gli ufficiali del battaglione decisero che quell'insurrezione doveva essere immediatamente punita. A caso, una dozzina di uomini furono tirati fuori dai nostri ranghi e accusati di ammutinamento. Spararono a cinque di loro. Un altro riuscì a fuggire. Mentre veniva condotto al plotone di esecuzione da un gruppo di guardie, un bombardamento di artiglieria tedesca cadde intorno a loro. Corse nei boschi vicini e non fu mai più visto.

Pochi giorni dopo scoppiò un altro ammutinamento. Questo fu molto più grave e coinvolse l'intera 2° divisione. Migliaia di uomini, quasi tutti ubriachi, si rifiutarono di portare armi e di tornare in trincea. Quando la bevanda finì, la maggior parte degli uomini cedette e marciò verso il fronte. I pochi che si rifiutarono di andare furono rapidamente arrestati e nessun altro nella divisione venne punito.

Questo fu solo l'inizio. All'inizio di maggio, quella ribellione ubriaca si diffuse in tutto l'esercito. Fu una strana specie di ammutinamento. Non ci furono segnalazioni di agenti aggrediti o uccisi e nessuna richiesta politica. Quando gli ufficiali parlarono con l'uomo eletto dai loro compagni per rappresentarli, gli fu detto che i soldati avrebbero continuato a difendere le loro trincee. Ma non avrebbero più preso parte agli attacchi contro i Tedeschi.

Mentre un ammutinamento su larga scala spazzò le fila dell'esercito francese, in Russia si verificarono eventi straordinari. Un analogo ammutinamento diffuso portò al rovesciamento del governo zarista, allarmando profondamente gli altri alleati. Le autorità francesi furono fortunate che non c'erano equivalenti di Lenin e Trotsky tra le loro truppe. Se ci fossero stati, la storia della Francia, nel corso del XX secolo, avrebbe potuto essere molto diversa. La ribellione francese non ebbe leader evidenti; non fu diretta da nessuno. Nonostante ciò, si diffuse così rapidamente che, entro giugno, furono colpite 54 divisioni oltre la metà dell'intero esercito francese nel fronte occidentale. Oltre 30.000 uomini lasciarono il loro posto in prima linea e cercarono di tornare a casa a piedi.

Le cause dell'ammutinamento furono chiare. Il normale soldato francese aveva perso la fiducia nei suoi generali. Non era preparato a sacrificare la sua vita per un modo di combattere in cui non credeva più. C'erano anche altre cause e queste furono abbastanza serie da indurre qualcuno a chiedersi perché l'ammutinamento non fosse avvenuto prima.

Rispetto agli Inglesi, i soldati francesi avevano dovuto sopportare condizioni più dure della disciplina militare. La loro paga era orribile. Il cibo che dovevano mangiare era spesso freddo e di scarsa qualità, una situazione particolarmente preoccupante per una tale nazione di buongustai. L'esercito britannico fece un grande sforzo per mantenere i suoi soldati riforniti di cibo caldo di qualità ragionevole. Inoltre i soldati britannici, dall'altra parte del canale, trascorrevano più tempo lontano dalle trincee ma più tempo con le loro famiglie rispetto ai soldati francesi.

Questo fu particolarmente doloroso per i Francesi, poiché molti stavano combattendo a meno di un giorno di viaggio in treno dalle loro case. Ma raramente veniva loro offerto un permesso. Tutte le parti subirono perdite orrende ma i Francesi persero più uomini. Un Francese su quattro di età compresa tra i 18 ei 30 anni era morto in guerra. Oltre un milione e mezzo in tutto. Con milioni di feriti e mutilati a vita.

Nell'alto comando francese, l'ammutinamento provocò il panico. La Francia aveva già sofferto tanto. Così tanti uomini erano stati sacrificati per impedire che l'esercito tedesco invadesse il nostro paese. Quanto sarebbe stato terribile se i Francesi avessero perso la guerra perché i suoi soldati si erano arresi ed erano tornati a casa. Per questi motivi, l'alto comando francese scelse di affrontare le denunce dei propri soldati piuttosto che limitarsi a reprimere la rivolta con brutalità.

La leadership francese ebbe tre problemi significativi.

In primo luogo, dovette prendere provvedimenti immediati per introdurre riforme per rendere la vita più sopportabile per i loro uomini. La maggior parte dei quali erano coscritti che combattevano per quella guerra, piuttosto che soldati di carriera.

In secondo luogo, per sostenere quel piano, l'esercito dovette punire i responsabili. Un compito difficile perché all'ammutinamento mancava davvero un capobanda.

Terzo, e più importante di tutti, dovettero mantenere segreto l'ammutinamento ai Tedeschi. Se avessero saputo cosa stava succedendo, avrebbero sfondato le linee francesi e sarebbero entrati a Parigi in una settimana. Allora la guerra sarebbe stata sicuramente persa.

Diversi generali più anziani furono sostituiti. La qualità del cibo somministrato alle truppe in prima linea fu drasticamente migliorata. Fu introdotto un sistema di congedo domestico e furono resi più abitabili i campi di riposo dietro le linee del fronte. L'alto comando francese chiarì agli ufficiali minori e ai sottufficiali che le vite dei normali soldati non sarebbero state gettate via in inutili offensive.

La punizione per l'ammutinamento fu ancora casuale e ingiusta. All'inizio di giugno, un battaglione di 700 uomini tornò al fronte e scomparve nella foresta. All'inizio di quel giorno, si sparse la voce nelle truppe che c'era una grotta enorme in cui tutti potevano nascondersi. Il comandante, che mostrò un notevole coraggio, entrò nella grotta e parlò con gli ammutinati. Disse loro di tornare al fronte prima dell'alba, altrimenti sarebbero stati massacrati tutti. Gli uomini uscirono. Una volta che furono di nuovo sotto il comando dell'esercito, 20 di essi furono tirati fuori dai ranghi e fucilati.

Il comandante francese trascurò di dire che ciò sarebbe accaduto. Ma, in altre divisioni, una volta ristabilito l'ordine, il momentaneo ammutinamento fu rapidamente dimenticato e nessuno fu punito.

In tutto, oltre 24.000 uomini furono arrestati e portati davanti a tribunali militari. Di questi, 551 furono giudicati capi della rivolta e condannati a morte. Ma solo 40 furono uccisi. Gli altri furono inviati alla colonia penale della Guyana francese: un miserabile destino per i soldati coscritti che combatterono coraggiosamente fino a quando non ne poterono più. I giustiziati furono uccisi di fronte ai loro compagni, che poi marciarono sopra di loro.

Altri soldati francesi furono uccisi a caso e senza processo, ma il numero di queste morti fu difficile da stimare. L'ammutinamento fu affrontato con sensibilità. Ma sotto quella preoccupazione, ci fu un pugno di ferro, che stabilì che una disobbedienza così diffusa non sarebbe mai stata autorizzata a ripetersi.

Tra le divisioni ribelli c'era un reggimento di soldati russi, inviato sul fronte occidentale come gesto di buona volontà dal regime zarista in difficoltà prima che venissero rovesciati. Quei soldati avevano sopportato condizioni peggiori e una leadership ancora più incompetente degli alleati francesi e britannici. Erano pronti a seguire l'esempio dell'ammutinamento dei loro ribelli compagni francesi. Il loro destino fu pietoso. Il comando francese dovette trattare i propri soldati con una certa clemenza. Erano troppi da punire. Una dura disciplina avrebbe potuto provocare una ribellione peggiore e forse anche una rivoluzione. I russi erano sacrificabili. Il reggimento fu circondato e fatto a pezzi dall'artiglieria francese.

L'ammutinamento durò sei settimane. L'esercito francese sfuggì a una sconfitta schiacciante. Ma i soldati avevano inviato un messaggio chiaro ai loro generali. D'ora in poi non ci sarebbero più stati attacchi di massa. I soldati francesi avrebbero preso parte solo ad assalti su piccola scala contro le linee tedesche. Questo pose fine all'orribile salasso dei tre anni precedenti. Per il resto della guerra, la parte del leone dei combattimenti contro gli Imperi Centrali sarebbe stata lasciata alla Gran Bretagna e alle truppe americane fresche ed entusiaste. Gli Stati Uniti erano entrati in guerra appena in tempo per salvare gli alleati dall'inevitabile sconfitta.

Dietro le linee del fronte, il governo reagì inasprendo la censura sui giornali francesi e imprigionando coloro che si stavano battendo per la fine della guerra. In quei giorni, quelle persone sarebbero chiamate attiviste per la pace. Nel 1917 furono chiamati agitatori di guerra.

Anche adesso, l'ammutinamento è un argomento vergognoso e delicato in Francia. Nel suo 80° anniversario, nel 1997, il primo ministro francese suggerì che gli ammutinati dovevano essere compresi e perdonati. Ciò fu denunciato duramente dall'allora Presidente francese Jacques Chirac. L'atto di esprimere simpatia per quegli uomini stanchi della guerra era ancora considerato un oltraggio.

Ma ora, la maggior parte delle persone concorda sul fatto che gli ammutinati meritavano pietà piuttosto che condanna.

Erano semplicemente uomini che si erano persi in un inferno di fuoco e sangue.

L'incubo di Belleau Wood

L'anno prima che entrassimo in guerra, gli Stati Uniti avevano un piccolo esercito di appena 100.000 uomini. Il Presidente, Woodrow Wilson, aveva sentimenti contrastanti sull'impegno del nostro paese nel conflitto. Molti cittadini americani erano immigrati europei che erano fuggiti nel Nuovo Mondo, in parte per evitare guerre come quella. Per non parlare del fatto che una parte considerevole degli immigrati americani proveniva dalla Germania. Ciò complicò qualsiasi decisione su quale parte supportare.

Nel gennaio 1917, i comandanti militari tedeschi comandarono ai loro sottomarini di affondare qualsiasi nave che si fosse trovata nelle acque britanniche. Ciò causò la distruzione di navi mercantili americane e occasionali navi passeggeri. Ciò spostò l'opinione pubblica da una prudente neutralità a una visione completamente anti-tedesca.

Il Presidente Wilson immaginò che fosse il momento giusto. Così, il 17 aprile, gli Stati Uniti entrarono in guerra a fianco degli Alleati. Una volta che ci unimmo al conflitto, decidemmo di metterci alla prova davanti al mondo.

Eravamo una nazione entusiasta, prospera e in evoluzione. Dopo la guerra del 1918, avevamo oltre quattro milioni di cittadini statunitensi nelle forze armate, di cui tre milioni e mezzo di loro trasportati in Europa. Entrarono imballati come sardine in transatlantici trasformati frettolosamente in navi militari.

Dormimmo in letti a castello fatti di acciaio e filo di ferro, accatastati uno sopra l'altro. Il viaggio fu così scomodo che molti soldati, me compreso, trovarono le trincee molto più comode.

I Tedeschi sapevano che l'affiliazione dell'America con gli Alleati avrebbe reso la loro vittoria quasi impossibile. Ma nel 1917, la guerra stava andando a favore della Germania, la Russia era in preda alla Rivoluzione e desiderava disperatamente fare la pace e porre fine ai combattimenti sul fronte orientale.

La Germania voleva annientare i soldati francesi e britannici, indeboliti dal loro esercito. All'inizio del 1918, le navi delle truppe americane con soldati appena addestrati iniziarono ad arrivare in Francia. Ma ancora, a quel tempo, c'erano solo poche migliaia di soldati americani in Europa.

Ci sarebbe voluto del tempo per creare e preparare una forza combattente, quasi da zero, e poi trasportarla attraverso l'Atlantico. I generali tedeschi sapevano che per vincere la guerra in Occidente avrebbero dovuto colpire duramente e velocemente prima che gli Americani fossero arrivati in massa. Così, alla fine di marzo, i Tedeschi lanciarono un attacco attentamente pianificato, noto come offensiva Ludendorff.

Le truppe tedesche usarono una nuova tattica e sfondarono le linee del fronte alleate. Impiegarono attacchi a sorpresa per scoprire i punti deboli, usando una forza travolgente quando li trovarono.

Per tutta la primavera, le truppe tedesche fecero una serie di progressi notevoli, che causarono il panico nell'impero britannico e tra le forze francesi. Ad aprile, il comandante in capo britannico, il feldmaresciallo Haig, emise l'ordine disperato:

Con le spalle al muro e credendo nella giustizia della nostra causa, ognuno di noi deve combattere fino alla fine.

Il comando alleato temeva la perdita dei porti del canale, dai quali truppe e rifornimenti venivano portati sul fronte occidentale dalla Gran Bretagna. Il pericolo per i Francesi fu molto più grave. All'inizio di giugno, l'esercito tedesco aveva raggiunto il fiume Marna e si trovò a meno di 40 miglia da Parigi. Le strade si congestionarono con civili francesi in fuga dai combattimenti.

Le truppe francesi si impoverirono e scoraggiarono, incapaci di trovare la volontà di combattere il gigantesco esercito tedesco disposto davanti a loro. In quelle circostanze disperate, i generali britannici e francesi si rivolsero al corpo di spedizione americano. Fu la prima ondata di truppe americane, arrivate in Europa, a salvare la situazione.

Il comando dell'*AEF* era stato affidato a John J. Pershing. Capì che gli Alleati britannici e francesi avevano quasi perso la volontà di fare la guerra. Ciò significò che l'onere di vincere la guerra sarebbe ricaduto sulle sue spalle, con le sue truppe fresche ed entusiaste. Trovò frustrante comandare il suo esercito in Europa. Non fummo accolti come partner alla pari. I generali alleati parlarono con Pershing e il suo staff. Immaginarono che gli Americani fossero inesperti e ingenui, il che, naturalmente, lo eravamo in una certa misura.

In particolare, gli Europei credevano che i soldati americani non avessero la volontà o la motivazione per combattere. Ricordo di aver sentito la storia del Comandante in Capo Generale Pershing, che batteva i pugni sul tavolo in preda alla rabbia e gridava:

Certamente salterò alla gola della prossima persona che mi chiederà: "Gli Americani combatteranno davvero?"

La colpa di quella mancanza di comprensione e di fiducia tra le tre parti non fu interamente attribuita agli Europei. Durante la guerra, gli Inglesi e i Francesi avevano combattuto insieme come Alleati. Gli Americani, su insistenza del presidente Wilson, non volevano essere considerati Alleati. Preferivano il termine co-belligeranti. Eravamo venuti a combattere a fianco degli Alleati francesi e britannici, non sotto di loro.

Durante l'offensiva Ludendorff, fu necessaria un'azione combinata drastica. Per tutta la durata della crisi, le forze alleate furono poste sotto il comando di uno dei comandanti francesi veterani.

Era il maggio 1918, quando incontrammo per la prima volta l'esercito tedesco e iniziammo pesanti combattimenti. Fu in un piccolo villaggio vicino alla zona del fiume. Oltre un terzo delle forze americane fu ucciso o ferito in soli tre giorni di intensi combattimenti. Fu più che sufficiente per dimostrare che eravamo in grado di combattere con la stessa determinazione di chiunque altro.

Alla fine di maggio, al generale Pershing fu chiesto di inviare soldati per tappare i punti deboli delle linee del fronte alleate mentre l'esercito tedesco si avvicinava. Le truppe francesi fuggirono insieme a un flusso disperato di civili terrorizzati che intasarono le strade lontane dalla città. I soldati americani più vicini, la 2° e la 3° divisione, erano a più di 100 miglia di distanza. Dovemmo fare un estenuante viaggio notturno in attesa di iniziare a combattere non appena arrivati. Mentre ci avvicinammo alla nostra destinazione, le strade si fecero più dense di truppe francesi e civili in fuga. Continuammo a urlarci contro 'siete troppo in ritardo'. Non aiutò a rafforzare la mia fiducia. Quando arrivammo nella città quasi deserta il 1° giugno, trovammo un piccolo numero di truppe africane a difenderla. Erano stati mandati in avanti dai loro padroni coloniali francesi per combattere e morire in una situazione impossibile.

Così si unirono a loro i nostri 17.000 soldati sia dell'esercito sia dei marines. La battaglia in città fu intensa, ma tenemmo duro e i combattimenti si estesero nelle cittadine vicine vicino al bosco di Belleau. Era un'area forestale con massicce rocce, quasi inespugnabile, lunga circa un miglio. Belleau Wood non aveva alcun valore strategico. Le truppe tedesche furono trincerate e vi stabilirono posizioni difensive all'inizio di giugno. Sarebbe stata una base efficace da cui attaccarci. I comandanti alleati decisero che i Tedeschi dovevano essere distrutti e cacciati, soprattutto a causa del loro fuoco da mitragliatrice, che proveniva da posizioni abilmente nascoste nel fitto sottobosco.

Per tutto il tempo che eravamo stati nel bosco di Belleau, non smise di piovere. Il fuoco dell'artiglieria cadde costantemente su di noi. Aerei tedeschi piombarono dal cielo e ci mitragliarono: era difficile scrollarsi di dosso la sensazione che stessimo affrontando un nemico superiore in forza ed esperienza.

Volevamo metterci alla prova.

Stavamo combattendo freschi, ben armati e determinati a vincere. Quando un alto ufficiale francese suggerì a un colonnello della 5° divisione dei Marines di ritirarci, sputò e disse: "Ritirata? Siamo appena arrivati".

Fu un viaggio particolarmente difficile sul fronte di battaglia e per molti di noi fu la prima volta in combattimento. Atterrammo a circa 20 miglia dai combattimenti e marciammo per oltre due ore in salita. Tutt'intorno a noi, l'artiglieria francese sparò uno sbarramento costante sulle linee tedesche e il terreno fu costantemente scosso.

I nostri uomini erano esausti, fradici e non si poterono lavare o radere per almeno cinque giorni. Alla fine arrivammo al punto di ritrovo e ci trasferimmo su camion, che ci portarono al fronte. Fummo quindi inviati in una piccola città proprio accanto al bosco di Belleau. Sopra il bosco, avvistammo i palloncini di osservazione tedeschi, che soprannominammo salsicce a causa della loro forma.

Non fu una buona notizia.

Fummo individuati: ci stavano aspettando. I Tedeschi cominciarono a bombardarci duramente e distrussero praticamente la città. C'era un edificio alla mia destra in fiamme che illuminò il terreno intorno a me. Tutto quello che vidi furono i marines morti che giacevano in quella strada stretta.

Poi ordinarono al mio battaglione di entrare nel bosco di Belleau. Alle tre partimmo per le trincee anteriori. Avremmo dovuto raggiungere il fronte prima dell'alba. I boschi erano così densi; sembrò quasi impossibile farsi strada. I rami degli alberi continuarono a colpirci in faccia. Gli uomini imprecarono. Dopo una notte deprimente di trekking, raggiungemmo le trincee anteriori. I Tedeschi continuarono a bombardarci, una granata colpì da vicino una grotta vicino a noi e uccise un mio amico di nome Burke.

Il pezzo di scheggia gli strappò la testa del collo.

Le trincee in cui mi trovai erano alte appena sopra la vita. Dopo una giornata faticosa, cercammo di dormire accovacciati nell'acqua profonda fino alle caviglie. Nei giorni successivi, i Tedeschi si lanciarono in attacchi notturni. Una volta, quando un soldato lanciò una granata contro i Tedeschi in avvicinamento, rimbalzò su un albero e atterrò nella sua trincea. Lo vidi giusto in tempo toccare il fondo della mia trincea per evitare di essere ucciso. Risi come un pazzo mentre il soldato di fianco a me imprecò come un marinaio e fu quasi vicino a farsi ammazzare da uno dei nostri uomini.

Il 6 giugno fummo coinvolti in un assalto particolarmente costoso al bosco. Ci fu ordinato di attaccare contro posizioni tedesche ben difese su un campo aperto. Fummo bloccati da un imponente attacco a fuoco. Un veterano marine, il sergente Dan Daly, coniò la frase per sempre vincente "Forza figli di puttana, volete vivere per sempre?"

Fortunatamente, ci fu un giornalista a disposizione per immortalare quel momento. L'immortalità di Daly e la legge popolare del Corpo dei Marines furono assicurate alla storia. Quel tipo di coraggio sbalorditivo, di fronte alle scoraggianti probabilità, fu il simbolo dei Marines. Il sergente Daly sopravvisse all'attacco e alla guerra, sebbene rimase ferito nei combattimenti a Belleau Wood.

Quello che seguì a quella battaglia fu il peggior singolo giorno di combattimento nella storia del Corpo dei Marines. Ci furono oltre 1.080 uomini uccisi o feriti. All'interno del campo di battaglia, un fitto sottobosco oscurava il terreno tra gli alberi con enormi massi completi dei loro piccoli angoli e fessure. L'intera battaglia fu combattuta in un'atmosfera di caos; erano così fitti quei boschi.

I nemici passarono a pochi centimetri l'uno dall'altro. Non riuscivamo a vedere i nostri commilitoni e dovevamo stare attenti a non sparare ai nostri uomini. Sia i Tedeschi sia gli Americani si riversarono in quel luogo ristretto. Il terreno tra gli alberi si riempì di corpi caduti. Riuscivi a vedere i detriti personali di quei soldati morti: zaini, lettere da casa, uniformi stracciate, tutti al vento. Erano i patetici resti delle loro giovani vite e oscuri presagi per coloro che erano ancora vivi. Bombe a mano, mitragliatrici, proiettili esplosivi, gas, tutto strappò le foglie dagli alberi.

Quando incontrammo il nemico, ci ritrovammo in un combattimento corpo a corpo. Combattemmo con le baionette. Era una lunga lama triangolare attaccata al manico delle nocche. Un mio amico, un marine, si ritrovò nel bel mezzo della lotta corpo a corpo per oltre 15 minuti, prima di sopravvivere a tutti i suoi avversari tedeschi. Egli scrisse, in una lettera a casa, del terribile stress psicologico che quel combattimento gli aveva causato. Dopo che il combattimento fu finito, si sedette e pianse. Doversi aggrappare a uno spazio così ristretto fu un'esperienza snervante.

I proiettili caddero costantemente sulle nostre posizioni. Il fuoco delle mitragliatrici e dei fucili continuò a sgorgare attraverso gli alberi, facendo cadere su di noi pezzi di roccia, terra e legno scheggiato. I Tedeschi ci spararono colpi di mortaio da trincea, proiettili neri lunghi più di quattro piedi, pieni di esplosivi ad alto potenziale. Li chiamammo siluri aerei. Anche i proiettili di gas atterrarono nei boschi, portando sacche di fumi altamente nocivi nascoste nel terreno. Il gas spesso poteva essere innocuo, ma avrebbe bloccato i Marines addormentati, che giacevano in buche poco profonde e li avrebbe soffocati e provocato conati di vomito.

Ci fu un'occasione nel mezzo di un attacco di gas, quando un sergente artigliere diede la sua maschera antigas a un Marine ferito. Quel sergente artigliere morì di una morte dolorosa pochi giorni dopo, i suoi polmoni distrutti dal gas. I colpi di artiglieria martellarono i nostri timpani nel bosco finché le mie orecchie non fischiarono in un ronzio costante e disorientante. Ma spesso, il fuoco delle granate fu inefficace. La concentrazione di alberi e vegetazione attutì l'esplosione delle granate. La visibilità fu scarsa ai margini del bosco.

Seguimmo il corso della battaglia ascoltando la spaventosa processione di rumori. Di tanto in tanto, ci fu una rapida ondata di colpi di mitragliatrice. Questo significò che i Marines stavano attaccando un covo di mitragliatrici. Stavano sicuramente morendo mentre si precipitavano in quel luogo. Alla fine, i mitraglieri furono uccisi da baionette e coltelli da trincea, le armi silenziose del combattimento corpo a corpo.

Entro l'11 giugno, catturammo due terzi dei boschi, ma eravamo prossimi all'esaurimento fisico. I Tedeschi contrattaccarono e gli intensi combattimenti continuarono. I cadaveri si ammucchiarono nei boschi e i Marines si fecero strada oltre i corpi del nemico.

Di tanto in tanto, un soldato tedesco si nascondeva tra i mucchi di morti e si alzava per sparare alla schiena dei nostri uomini. Belleau Wood fu pieno di cecchini, nascosto tra gli alberi alti e il sottobosco. Quegli uomini coraggiosi erano stati selezionati con cura per un lavoro che prometteva una morte quasi certa o un pericolo sempre presente. Quando le mitragliatrici e i bombardamenti si spensero nei boschi, ci fu un silenzio sinistro. Come se non bastasse, fu facile perdersi in boschi così fitti. C'erano pochi punti di riferimento ed era facile perdere ogni senso dell'orientamento. I soldati dovevano portare una bussola per assicurarsi di tornare alle proprie linee piuttosto che a quelle del nemico.

Il 23 giugno ritirammo ritirato le nostre truppe e bombardato la foresta per ben 14 ore. Poi tornammo in azione e combattemmo per altri due giorni interi per cercare di liberare il bosco di Belleau dalle truppe tedesche. I combattimenti furono così pesanti che furono necessarie oltre 200 ambulanze per portare via i feriti. Alla fine, il 26 giugno, Belleau Wood cadde finalmente nelle nostre mani.

Ci vollero 25 giorni agonizzanti ma Belleau Wood fu una delle battaglie più significative della guerra. Se non avessimo fermato l'avanzata tedesca, sicuramente sarebbero arrivati fino a Parigi.

Ma per la nostra vittoria, pagammo un prezzo terribile.

Un terzo degli uomini che presero parte a questa battaglia sono stati uccisi o feriti. Una compagnia aveva perso 235 dei suoi 240 uomini. Belleau Wood dimostrò che l'esercito americano aveva preso seriamente quella guerra. Combattemmo una guerra dura e ci furono numerose vittime. Quando la guerra finì, oltre 150.000 soldati e Marines americani morirono e oltre un quarto di milione furono feriti. I nostri Marines furono immensamente orgogliosi della loro vittoria a Belleau Wood.

Ora, oltre un secolo dopo, la battaglia è ancora motivo di risentimento. Alcuni storici ritengono che i Marines non avrebbero mai dovuto essere mandati nei boschi. Combattimenti simili tra soldati britannici e tedeschi in aree molto boscose provocarono un alto numero di vittime.

Oggi la foresta è bellissima ed è un luogo frequentato per i picnic in famiglia. Il sole splende tra i rami, donando un bagliore luminoso al verde muschio che cresce sugli alberi. Eppure, un accenno di calore fugace aleggia sul tappeto di foglie marrone scuro che ricopre il terreno.

Una guerra per porre fine a tutte le guerre

Appena un anno dopo la fine del conflitto, un giornalista del London Times coniò il termine:

La Prima Guerra Mondiale

Come molti altri, si era reso conto che quella guerra, che avrebbe dovuto porre fine a tutte le guerre, sarebbe effettivamente diventata la causa principale di un'altra guerra mondiale in futuro.

Anche mentre le nazioni in guerra stavano conducendo i negoziati di pace a Parigi nel 1919, i loro leader sapevano che la pace che stavano firmando non sarebbe durata. Il comandante supremo francese archiviò il procedimento come 'un cessate il fuoco ventennale'. Il primo ministro britannico Lloyd George dichiarò:

Dovremo comunque rifare tutto di nuovo tra venticinque anni e a un costo triplo.

Lui ebbe ragione. La Seconda Guerra Mondiale scoppiò quasi vent'anni dopo e causò vittime quattro volte in più. Quindi, la guerra più terribile della storia umana ebbe una conclusione adeguata. Ne generò un'altra che sarebbe stata anche peggio.

La decisione presa a Parigi di far pagare la Germania fu miope. La Germania fu costretta ad effettuare pagamenti di miliardi di dollari noti come riparazioni alle nazioni vittoriose. I delegati americani non accettarono mai questa idea, ma la Francia, in particolare, insistette per un pagamento tempestivo.

Quando la guerra finì, la Germania era sull'orlo di una rivoluzione comunista. Il paese soffrì la vergogna della sconfitta, perse il territorio e la loro economia fu rovinata da guerre e riparazioni. La popolazione tedesca era indignata. Avevano vinto la guerra a Est e la guerra a Ovest era finita, prima che i soldati alleati invadessero la Germania.

Come si poteva affermare che avevano perso la guerra?

Il loro sconcerto fu particolarmente intenso perché i giornali tedeschi non avevano riportato la piena portata del collasso dell'esercito tedesco. Negli anni Trenta, un ex soldato in prima linea di nome Adolf Hitler capitalizzò questa fonte di risentimento. Il suo partito nazista salì al potere nel 1933 e mise in moto gli eventi che causarono la Seconda Guerra Mondiale.

Per alcuni era stato il dovere, il patriottismo o la convinzione di lottare per un mondo migliore. Per altri, era il semplice fatto che sarebbero stati imprigionati o fucilati e se non lo avessero fatto e sarebbe stata una disgrazia per le loro famiglie.

Gli uomini sopravvissuti alla guerra si aspettavano una ricompensa per i loro sforzi. La maggior parte fu delusa. Il mondo lasciò la Russia con un governo bolscevico, che inflisse carestie, epurazioni omicide e grave oppressione alla sua popolazione per oltre 70 anni.

La Francia aveva vinto, ma non ne era valso il prezzo. Non aveva mai recuperato la sua posizione nel mondo come grande potenza. La guerra lasciò la Gran Bretagna e l'Impero britannico con oltre 940.000 morti e un'economia prossima al crollo.

Solo l'America aveva fatto bene, emergendo come la nazione più forte e più ricca del mondo. In un altro scherzo del destino, proprio quando il conflitto finì, una colossale epidemia di influenza invase il mondo. Indeboliti dallo stress e dalla privazione di quattro anni di guerra, morirono oltre 10 milioni di persone.

Coloro che sopravvissero alla guerra ne subirono le conseguenze per il resto della loro vita. I soldati con i polmoni rovinati dal gas o con la mancanza di tre o anche quattro arti svanirono lentamente nelle case di cura. In tutta Europa, i manicomi si riempirono di uomini che soffrivano di shock da bomba. Oggi questa è una condizione psicologica e riconosciuta nei soldati in combattimento come PTSD. Ma nel 1918, la tradizione militare e la società credevano che tali uomini dovessero essere fucilati per codardia.

Ci sono ancora uomini e donne vivi oggi i cui padri sono stati uccisi durante la guerra perché hanno sofferto di crolli mentali causati dalla fatica dei combattimenti in trincea. Anche coloro che non hanno subito danni fisici o psicologici apparenti sono stati tormentati da ciò che avevano visto e fatto. Un uomo su otto che ha combattuto in quella guerra è stato ucciso. La maggior parte aveva meno di 30 anni e molti erano ancora adolescenti.

Centinaia di migliaia di donne della stessa età non potevano sposarsi perché semplicemente non c'erano abbastanza uomini per andare in giro. La guerra fa ormai parte della nostra storia e fa ancora parte della memoria vivente. Nel 1998, nel 18° anniversario dell'armistizio, c'erano 160 uomini ancora vivi in Gran Bretagna che avevano combattuto nella Grande Guerra. Forse numeri simili esistevano in Germania, Francia, America e Russia.

Ormai, nel 2020, sono morti tutti. La Prima Guerra Mondiale è ancora un argomento frequente in romanzi, film e documentari televisivi. È difficile trovare qualcosa di positivo da dire al riguardo. Ma forse quelli di quella generazione sfortunata, nata alla fine del XIX secolo, trarrebbero conforto dal fatto che il massacro che hanno subito ci perseguita ancora oggi.

Un duro promemoria dell'orrore della guerra.

www.ingramcontent.com/pod-product-compliance
Ingram Content Group UK Ltd.
Pitfield, Milton Keynes, MK11 3LW, UK
UKHW041821200726
13854UKWH00001BA/433